MÉMOIRES

PHILOSOPHIQUES

DU BARON DE ***,

Grand Chambellan de Sa Majesté
L'IMPERATRICE REINE.

Quid verum atque decens curo,
Et rogo & omnis in hoc fum.
Herat., lib. I, *ep.* I, *v.* II.

TOME SECOND.

A VIENNE EN AUTRICHE,
Et fe trouve
Chez les principaux Libraires de l'Europe.

M. DCC. LXXVIII.

MÉMOIRES

PHILOSOPHIQUES.

LE MONOLOGUE.

TEl qu'un voyageur, parvenu au faîte des montagnes, apperçoit à la naiſſance du jour les vapeurs de la nuit qui lui cachent encore les forêts & les plaines; ainſi, près du ſage Méſophée, je me croyois tranſporté dans une haute région; je me repréſentois les diverſes opinions des hommes comme une foule d'erreurs & de menſonges qui ſembloient me dérober les vérités que je cherchois. O vérité! m'écriai-je, que n'êtes-vous à nos eſprits, ce que le ſoleil eſt à nos ſens? Mon cœur ſe

A 2

souleve encore aux souvenir des affreufes maximes des Philofophes de nos jours; j'avoue que je commence a éprouver des confolations qui m'étoient inconnues, & je fens que je les dois au goût que le Vieillard m'a infpiré pour fa religion. Ah! fi la vé-rité & le bonheur réfidoient dans le chri-ftianifme; avec quelle ardeur j'irois puifer fans cefle dans fes fources immortelles! Allons entendre Arfenne & Méfophée: déjà je les vois efcortés des plus grands hommes & des plus beaux génies de toutes les Nations, qui depuis dix-huit fiècles, ont penfé & cru tout ce qu'ils croyent & penfent eux-mêmes. Cet immenfe con-cours d'efprits fupérieurs n'eft cependant, en faveur de leur religion, qu'un préjugé, bien fort, j'en conviens. Mais pourquoi recourir aux hommes, quand il eft queftion de connoître la Divinité? Mon efprit ne peut-il fe fuffire à lui-même? Simplifions mes idées; c'eft le moyen de parvenir plutôt à la vérité; car elle eft fimple & unique.

Quel eſt l'objet de ma premiere re-
cherche? L'homme s'eſt-il créé?

La queſtion me révolte: l'athéiſme répugne à tous les hommes; c'eſt anéantir
l'ame, la nature & tous les êtres; mais s'il
eſt un Créateur, il exiſte néceſſairement un
rapport entre lui & ſa créature; la dépendance de cette créature l'aſſujettit à des
devoirs; ces devoirs ſuppoſent une juſtice
& des loix, car elles ſeules peuvent inſtruire & contenir les hommes: ces loix
doivent être divines, car Dieu ſeul pût
être le légiſlateur du premier homme,
puiſqu'il n'exiſtoit que Dieu & l'homme
ſur la terre. Il m'eſt donc démontré qu'il
doit y avoir une premiere religion, & que
c'eſt Dieu qui l'a donnée à l'homme.

Parmi cette foule de religions qui par-
tagent la terre, Etre ſuprême! apprenez-
-moi à diſtinguer la vôtre.

Cette religion unique a dû, ſans doute,
être inſtituée pour le premier homme. Au

moment de fa création, il dût comparoître devant fon Créateur; mais partout où fe trouvent l'homme & la Divinité, le myftère doit éclore, il doit les féparer. Quel trait de lumière! j'apperçois tout à coup la vraifemblance des myftères du Chriftianifme.

Je me livrai à une méditation profonde ; j'entrepris de fonder mon cœur. Abforbé dans mes réflexions, je me promenois à grands pas ; j'apperçus dans le lointain des hommes courbés vers la terre, qui brulés par l'ardeur du foleil, labouroient avec peine; je m'arrêtai à ce fpectacle: pourquoi cette étrange difproportion parmi les hommes? Si l'inégalité des conditions & des fortunes eft néceffaire, elle ne doit pourtant affigner aucune prééminence aux yeux de Dieu; qui ne couronne que l'innocence & la vertu. On m'affure, il eft vrai, que la juftice divine n'exerce fes droits dans toute fa plénitude, que dans un autre ordre de chofes ; cepen-

dant cette Juſtice ne peut changer de nature, elle doit donc toujours éclater ſur la
terre de manière ou d'autre, & ſi le Ciel
refuſe à l'innocence des triomphes & des
biens paſſagers, ſa juſtice alors lui doit des
conſolations plus puiſſantes, elle lui doit la
tranquillité, la paix & des ſecours conti-
nuels contre ſon déſeſpoir & ſa foibleſſe.
Le chriſtianiſme eſt la ſeule religion, où le
malheureux trouve un port & un aſyle aſ-
ſuré; ſeroit-il donc la religion du Ciel.

Une foule d'idées ſemblables ſe préſen-
toient à mon eſprit: la nature du cœur de
l'homme, diſois-je avec un tranſport de
joie, eſt de n'être jamais borné dans ſes
deſirs; il voudroit être parfaitement heureux, & s'il ne jouit jamais de ce bonheur
ſur la terre, il y aſpire toujours, ſes deſirs ſont donc infinis; la vraie religion
doit offrir à l'homme la réalité d'un bien
que ſon cœur réclame néceſſairement. Or,
c'eſt dans le chriſtianiſme ſeul que l'homme
peut trouver ce bonheur parfait, eſſen-

tiel à fon cœur & à fa nature. Le chriftianifme feroit donc la religion de l'homme.

Développons la fuite de mes idées.
On veut me perfuader que mon efprit
fut formé à l'image de Dieu. Ai-je quelqu'intérêt a rejetter une fi noble penfée?
Je m'arrête cependant: d'où me vient une
tradition fi fublime? Dieu auroit-il parlé?
Je l'ignore encore, car fi j'en étois certain, je ne douterois plus. Mais que j'aime
à me repréfenter un pere tendre qui parle
à fes enfans! il ne fera donc point difficile
à mon cœur, de croire qu'une révélation
du Ciel a pû être accordée aux hommes.

Je conviens que ma raifon s'abîme à
l'afpect des myftères du chriftianifme; mais
l'on m'enfeigne que ces myftères renferment la nature de Dieu. Si cela eft, ma
raifon me dit que je ne puis & ne dois
les comprendre; & dans le fond, myftères pour myftères, j'aime bien mieux
croire aux myftères du Ciel, que de m'a-
vilir au point de croire aux myftères des
hommes.

Mais quelle réflexion se présente à mon esprit! Cette religion si sublime qui semble ne devoir être que la religion des intelligences célestes, est en même-tems celle des hommes! mon semblable a-t-il pu l'inventer & la faire croire aux hommes? Non, je croirois plus aisément qu'il a formé la voûte des Cieux, & qu'il la soutient encore.

Ce qui m'entraine enfin, c'est de voir une religion si spirituelle, si profonde dans ses détails, si grande & si majestueuse dans son ensemble, être depuis le moment qu'elle est fondée, la religion du peuple; les pauvres, voilà ses rois.

Que de dogmes sensuels soient donnés, & qu'ils soient suivis par les peuples, je le conçois: c'est l'homme qui parle & qui agit; mais qu'une religion, sans contrarier véritablement la raison humaine, reste inconcevable dans sa partie mystérieuse, & sublime dans celle qui ne surpasse pas notre intelligence; qu'elle renferme tous les êtres, la terre & les Cieux, toutes les générations paffées & celles qui doivent paroître, & que néanmoins cette religion foit celle du peuple, & que ce peuple ignorant & borné faififfe fes dogmes & pratique quelquefois fes maximes, mieux que les Docteurs de la loi : voilà le fceau de la Divinité. C'eft le foleil des efprits qui répand fa lumiere univerfelle & fe plaît à pénétrer avec plus d'éclat dans les cœurs fimples & vertueux. Une telle religion ne peut être que la véritable.

Eh ! qu'importent après tout tant de recherches. Un cœur fimple & droit eft le génie qui conduit à Dieu. Au refte, s'il étoit poffible que je fuffe dans l'erreur, que cette erreur me feroit chère ! J'ai pour moi la raifon, la vertu, tous les évènemens poffibles, & la nature toute entiere. Dans le tems, je jouis de la paix & de moi-même ; & dans l'avenir, de Dieu & de fon immortalité. L'homme peut-il defirer d'avantage ? C'en eft fait, le fentiment feul me fubjugue fous la loi des

Chrétiens; il ne me reste plus qu'à connoître leur Dieu & à l'aimer.

Tel fut le résultat de mes réflexions
& de ce monologue, le plus agité & le
plus consolant que j'aie jamais fait. Mon
premier mouvement me portoit vers Mésophée, j'allois déposer dans son sein le
secret de mon cœur: heureux Vieillard,
m'écriai-je, qu'un pareil aveu aura de
charmes pour vous! A peine avez-vous
jetté quelque semence dans mon cœur,
je vous rapporte des fruits immortels. J'ap-
prochois du château, lorsqu'une funeste
idée se présenta à mon esprit, idée d'autant plus dangereuse, que l'illusion la faisoit naître. Je pensai que pour mieux m'instruire, je devois dissimuler la nouvelle si-
tuation de mon esprit; j'imaginai même
que pour profiter des lumières supérieures
de Mésophée, je devois me servir des ap-
parences de la plus forte incrédulité. Je
me trompois hélas! Et j'ai la force d'a-
vouer que je cherchois à me tromper
moi-même. Je rougis de le dire, un goût

décidé pour les controverſes & les diſ-
putes, étoit le vrai motif de mes réſolu-
tions. Ce faux prétexte faillit me coûter
bien cher, & me précipiter dans l'abîme
des incertitudes d'où j'étois à peine ſorti ;
cependant mon cœur étoit ſincère, & le
Dieu de vérité me défendit contre moi-
même. Je diſſimulai donc & j'arrivai au
château : j'entrai dans le cabinet d'aſſem-
blée, toute la compagnie y étoit réunie,
la converſation rouloit ſur l'étrange inconſéquence de la plupart de nos Philoſophes.

Lorſque j'arrivai, j'entendis le neveu de
Méſophée qui prononçoit ces paroles :
je ne puis concevoir comment un homme
qui n'eſt pas aſſez imbécille pour être
athée, peut être aſſez inconſéquent pour
être Déiſte ; car il eſt auſſi ridicule de ſe
former une idée d'une Divinité abſurde,
que d'en nier l'exiſtence.

Il y a longtems qu'on nous l'a dit,
reprit le Vieillard, rien ne paroît au premier aſpect ſi oppoſé à l'athée, que le

Déifte de nos jours; mais ils combattent tous deux avec tant de chaleur pour la même caufe; ils fe prêtent mutuellement tant de fecours, que je ferois tenté de croire que ce font les mêmes efprits qui paroiffent tantôt Athées, & tantôt Déiftes [1]. En effet, l'Athée ne combat l'immortalité de l'ame, que pour nier l'exiftence d'un Dieu, & le Déifte, à fon tour, n'admet l'exiftence de Dieu, que pour combattre l'immortalité de l'ame. Mais puifque nous fommes fur cet article, je veux vous faire part d'un propos, affez piquant d'un homme de ma connoiffance.

---

(1) Sans doute, il y a de vrais Déiftes qui ne font parconféquent rien moins que Matérialiftes; il y a même des Thèiftes qui croyent à l'immortalité des ames; ces derniers ne refufent leur créance qu'à la révélation; les Déiftes font inconféquens, les Matérialiftes font abfurdes, & les Théiftes font de mauvaife foi, puifqu'ils encenfent une chimère qui ne peut exifter, comme on le prouvera dans la fuite de ces mémoires.

Un de nos beaux efprits, dont le nom
étoit infcrit dans les regiftres de la Philofophie, fe trouvoit un jour dans une
compagnie affez nombreufe; il cherchoit
à fe faire remarquer par un langage extraordinaire, & furtout par la liberté de
penfer la plus bifarre. Cet être indéfinif-
fable s'applaudiffoit beaucoup, & pour paroître plus fage & plus éclairé que la plupart des gens de la fecte, il déclamoit
avec force contre l'athéifme : je ne puis
concevoir, difoit-il, qu'une foule de mes
amis [d'un génie fupérieur] puiffent s'a-
veugler au point de contefter l'exiftence
d'une Divinité, qui gouverne le monde
par les loix les plus fenfibles & par l'harmonie la plus merveilleufe.

Vous croyez donc, Monfieur, lui répondit-on, que Dieu dirige les mouvemens de la terre & des aftres, & qu'il
préfide à l'harmonie de cet univers?

— Affurément je le crois ; il faudroit
être parfaitement fou pour en douter fé-

rieufement. Mais, lui ajouta-t-on, croyez
vous auſſi qu'il s'occupe des mouvemens
de notre cœur & de notre eſprit? Oh!
pour cela non, répondit-il, avec un grand
éclat de rire.

Eh! bien, Monſieur, parlez-nous avec
ſincérité: que penſeriez vous d'un homme
qui vous diroit, avec un eſpèce d'enthou-
ſiaſme, qu'il arrive de la repréſentation
d'une des meilleures pieces de Cor-
neille ou de Racine; qui vous entretien-
droit avec chaleur de la beauté de leurs
vers, de la ſublimité de leurs penſées,
des mouvemens impétueux & rapides
qu'elles ont excités dans ſon ame, & fini-
roit par vous dire froidement qu'il eſt convaincu que ces rares eſprits n'ont fabriqué
leurs vers, n'ont conçu leur brillantes images & la ſublimité de leurs penſées, que
pour la décoration de la ſcène & l'embel-
liſſement du théatre? ne croiriez-vous pas
cet homme dans la démence la plus complette? Certainement il y auroit autant
d'extravagance à ſuppoſer que Dieu eût

créé l'efprit, le fentiment & notre moralité pour l'embelliffement matériel de
l'univers, qu'à fuppofer que l'intelligence,
l'intérêt & les paffions qui regnent dans
un ouvrage de génie, aient éte formés pour
la décoration du théatre.

Notre prétendu bel-efprit n'étoit pas
tout à fait bête, il fentit à merveille la
juftefle de l'application; il baiffa les yeux
& garda le filence.

DE L'IMMORTALITÉ.

MEſophée°, toujours plus attentif, cherchoit tous les moyens de nous rendre notre ſéjour agréable, & tandis qu'il ſe retiroit, ſelon ſon uſage, pour ſe livrer à ſes travaux ou à ſes devoirs, ſes neveux n'étoient occupés qu'à nous plaire ; ils étoient l'un & l'autre de très-bons phyſiciens & d'excellens naturaliſtes : nos occupations ſans ceſſe variées, faiſoient couler nos momens avec rapidité ; & l'affreux ennui, qui pourſuit la plûpart des hommes, ne pénétra jamais dans cette agréable retraite.

Nous nous étions réunis dans le cabinet des machines de phyſique ; au milieu des expériences les plus intéreſſantes, nous vîmes paroître notre ſage Vieillard. Je viens, nous dit-il, partager avec vous votre admiration & vos plaiſirs ; & lorſque nous aurons interrogé la nature ſur ſes merveil-

les, je vous propoferai de nous rendre à la
bibliothéque pour nous entretenir de cet
Etre univerfel, qui eft lui-même le principe & la vie de toute la nature. En effet,
peu de tems après, on fe rendit au lieu in-
diqué ; nous nous afsîmes autour d'un
grand bureau ; Méfophée prit la parole &
me dit :

Dans la vafte carrière que nous avons à
parcourir, il eft effentiel de fixer votre efprit & de l'arrêter à quelques principes
fondamentaux, mais nourri dès votre enfance dans les doutes ou dans l'erreur, fur
quelle vérité nous appuyerons nous? Ef-
fayons néanmoins le doute méthodique de
Defcartes, pour parvenir à des connoiffances certaines; ce grand homme, par fon
génie, s'ouvrit une route nouvelle; fui-
vons fes traces, oubliez pour un moment
ce que vous avez fçu, pour apprendre ce
que vous ne favez pas; confondez l'erreur
avec la vérité; & dans cet immenfe cahos
d'idées, profitez de la maturité de votre
raifon pour vous attacher uniquement à

quelque principe fimple, inconteftable pour tous les hommes. Cette verité une fois reconnue, bientôt vous en appercevrez d'autres auffi certaines, car une vérité n'eft jamais ifolée, en pofféder une, c'eft faifir la chaîne de toutes; ce principe, vrai pour l'efprit, l'eft auffi pour le cœur, car une vérité découverte, fait defirer les autres.

Hélas! lui dis-je, je ne connois qu'une vérité.

— Quelle eft-elle?

— Je mourrai.

— Eh! bien, que concluez-vous de cette vérité?

Un doute, répondis-je; mon ame eft-elle immortelle? Et fi elle l'eft que devient-elle après ma mort?

Eh! vraiment, s'écria le Vieillard tranfporté de joie, vous découvrez en un moment la véritable fcience, l'unique étude de l'homme; vous mourrez, dites-vous?

Vous doutez de l'immortalité de votre ame? Un doute, de quelque nature qu'il ſoit, demande un éclairciſſement : mais quelle eſpèce de doute, que celui d'où dépend votre éternité! Sachez donc ſi votre ame eſt immortelle.

Le diſcours de Méſophée me fit la plus vive impreſſion; je méditois dans un profond ſilence. Je m'écriai tout à coup: Dieu ne m'auroit-il créé que pour vivre un moment ſur la terre? Je mourrai! Sa voix me rappellera-t-elle du fond de mon tombeau, ou me fera-t-il tomber dans le néant? Quelle effrayante incertitude! Quel doute affreux! Ne connoîtrions-nous la Divinité que pour être encore plus malheureux!

Ces expreſſions & mon trouble attendrirent Méſophée : après m'avoir laiſſé quelques momens à mes réflexions, l'idée, me dit-il, que vous avez de la juſtice & de la ſuprême bonté du Créateur, ne peut ſe concilier avec le néant qui vous épouvante. Quoi ! ce font-là vos réflexions, m'ajouta-t-il , & vous doutez que votre ame foit immortelle ?

Oui, il me femble, lui dis-je, que mon efprit a été créé pour adorer fon Créateur dans tous les tems, & fans doute, voila l'unique deftinée qui réponde à la fublimité de fon origine.

Ce rapide mouvement de votre ame m'enchante ; mais puifque nous traitons un objet fi important, tâchons de l'approfondir. Je ne puis employer ici pour vous convaincre, la parole de Dieu même, il faudroit que j'euffe recours à la révélation, aux oracles des livres facrés, & leur langue vous eft encore étrangere ; mais laiffons parler la raifon, & pour répandre plus d'intérêt dans nos entretiens, communiquons-nous mutuellement nos idées.

Sans chercher, reprit un des neveux de Méfophée , à prouver l'immortalité de l'ame, par la nature évidemment diftin&te

de l'efprit & des corps, il me femble que s'il exifte un Etre, fource unique de toute penfée, ce qui penfe en nous doit tenir par des nœuds indiffolubles à cette penfée immortelle. Il eft donc en nous un prin-cipe naturellement penfant, principe qui fans doute ne pourroit fe détruire que par un miracle d'anéantiffement, & cet affreux miracle, en détruifant le point *infécable* qui nous unit avec Dieu, frapperoit l'image de la Divinité & romproit les fublimes rapports qui fe trouvent entre le créateur & fa créature. D'ailleurs, confidérons l'homme dans fon intelligence; gouverné par fa feule raifon, il eft dans cet inftant au milieu de fa gloire, il porte en lui l'image d'un Dieu; tout lui dit que l'univers eft fait pour lui, & qu'il n'eft pas fait pour l'univers, que la matiere eft pour fes fens, & fon efprit pour l'efprit fuprême. Il le conçoit comme un Etre confervateur, jufte, biénfaifant; or, puis-je de fang froid me repréfenter un Dieu jufte & fage, laiffant profpérer le crime, gémir la vertu,

& à la mort détruifant indifféremment l'ame de l'innocent & celle du coupable? Si les vices & les vertus font des fantômes, fi cet ordre moral qui conferve le genre humain depuis fon berceau eft une pure illufion, que devient cette fageffe éternelle, cette juftice fuprême qui gouverne le monde? Oui, s'il eft des hommes fur la terre, heureux par des rapines & des forfaits, & fi leurs foibles victimes, conftantes dans leurs vertus, implorent vainement la juftice du Ciel, ce Ciel, alors, n'a point de Dieu. Vous convenez cependant que Dieu exifte, & jamais vérité ne fut fi inconteftablement démontrée; croyez donc auffi à l'immortalité de l'ame; elle eft auffi certaine que l'exiftence de Dieu; l'homme vertueux marche fans ceffe en fa préfence & le méchant ne peut le fuir; l'immortalité de nos ames eft une fuite néceffaire de la juftice divine. C'eft dans ce dogme univerfel de l'immortalité que les grands hommes ont puifé l'héroifme

& les vertus (1); elle soutient le malheureux dans l'infortune, & le juste, dans ses
combats; cette radieuse vérité, transmise
de siecles en siecles, des premiers hommes
jusqu'à nous, & que les générations à venir se transmettront jusqu'à la fin des tems,
est consignée dans toutes les annales du
monde, dans les monumens de toutes les
nations, & gravée sur tous les tombeaux.

Oui, m'écriai-je avec transport, puisqu'il est des crimes, il est des vertus; puisqu'il est un Dieu juste, il est dans l'avenir
des récompenses & des peines. L'impie
nous dit que le remords est la punition du
crime, mais admettrons-nous une punition

----

(1) Rien sur la terre, dit Cicéron, parlant
d'un sage, n'est assez formidable pour l'intimi-
der, ni assez estimable pour lui enfler le cœur:
que verroit-il dans tout ce qui fait le partage
des humains? Qu'y verroit-il de grand, lorsqu'il
considere l'éternité?

Page 123, traduction de l'Abbé d'Olivet.

que

que l'on peut faire ceſſer à force de la mériter? Car on ne peut ignorer que des crimes redoublés étouffent le remord.

Vous n'êtes encore, me dit le Vieillard., avec ce ſon d'énergie & d'empire que donne l'éloquence de la raiſon, vous n'êtes encore que dans le parvis du temple, nous vous ferons bientôt pénétrer juſqu'aux marches du ſanctuaire; c'eſt-là que proſterné au pied du trône de votre Dieu, adorant ſa majeſté ſainte, vous rendrez gloire & témoignage à ſon auguſte religion; c'eſt alors que vous verrez s'éclaircir, ſe développer à votre raiſon docile, ce grand ordre, cet enchaînement admirable de principes conſéquens qui partent tous d'une vérité premiere; tout s'y tient, rien n'eſt diſparate, rien n'eſt iſolé. Mais Arſenne, ajouta le Vieillard, n'a point encore parlé, écoutons-le ſur cette matiere importante.

Nous venons, répondit Arſenne, de conſidérer les plus beaux attributs de l'ame,

fa penſée, ſa raiſon, ſa juſtice; ces attributs ſont totalement diſtingués de la nature des corps, avec laquelle il n'ont évidemment aucun rapport; ils ne ſont ſuſ-
ceptibles ni d'étendue, ni de modifi-
cation matérielle; ils doivent donc ſub-
ſiſter dans une ſubſtance diſtincte; &
quoique ſelon les loix établies par le Créateur, les volontés de l'ame influent ſur
les mouvemens du corps, & les modifica-
tions du corps ſur les affections de l'ame, il
ne s'enſuit pas que la diſſolution de l'un en-
traîne la diſſolution de l'autre; la mort
ne fait que ſéparer ces deux ſubſtances;
de même que les corps ne ſont point anéan-
tis après leur diſſolution, ainſi l'ame ne
ceſſera d'exiſter après ſa ſéparation, l'eſprit
étant la vie du corps, il exclut ſon contraire qui eſt la mort; l'ame doit même
recevoir plus d'activité lorſqu'elle eſt af-
franchie des liens qui l'uniſſoient à une
ſubſtance, qui ne pouvant lui rien communiquer de ſpirituel, la tenoit dans un
dur eſclavage.

Nous entendions Arſenne avec plaiſir, cependant l'autre neveu de Méſophée ne put s'empêcher de l'interrompre, & il lui dit avec une vivacité charmante: vous penſerez de moi ce qu'il vous plaira, mais j'aime mieux ma philoſophie que la votre, la mienne eſt naturelle & peu pénible, & je n'ai jamais aimé celle qui eſt trop difficile. Il y a un ſentiment qui nous parle à tous également, & qui eſt bien ſupérieur aux pénibles combinaiſons de l'eſprit. En effet, pour nous convaincre de l'immortalité de l'ame, ne faut-il pas néceſſairement en revenir à ces preuves rendues ſenſibles & inconteſtables par l'expérience de tous les jours? C'eſt par elles que la vérité, ſans avoir beſoin de diſcuſſion ni de calculs, a toute la force de ces démonſtrations dont nul raiſonnement ne peut ébranler l'empire, ni voiler l'évidence. Chaque jour, ajouta-t-il, la nature, en nous forçant d'admirer un infortuné qui ſupporte ſes maux avec conſtance, ne nous dit-elle pas au fond du cœur qu'un état de conſolation & de récompenſe l'attend dans le ſein d'un

Dieu jufte? Au milieu des larmes & des gémiffemens douloureux, que la nature fouffrante arrache à l'infortuné, la nature elle-même le confole, en lui dévoilant au bout de cette courte carrière l'immortalité qui l'attend, & Dieu qui le regarde. Voilà le feul moyen de juftifier la nature & fon maître, que les uns ont méconnu, & que les autres ont blafphêmé.

Le Vieillard entendoit parler fon neveu avec un plaifir extrême. Je penfe parfaitement comme vous, lui dit-il; votre méthode de raifonner, & d'approfondir les chofes, m'a conduit toute ma vie : je crois même que c'eft vouloir s'égarer, que de chercher la vérité & le bonheur de l'homme ailleurs que dans l'accord de la raifon & de la nature.

Y penfez-vous, lui dis-je, en l'interrompant? Vous cherchez la vérité & le bonheur dans l'accord de la nature & de la raifon! Mais la nature ne dit-elle pas à tous les hommes, livrez-vous à mes penchans?

Elle dit auſſi un moment après, repliqua Méſophée, impoſez ſilence aux cris
ſéditieux qui troublent mon repos; quoique
je paroiſſe quelquefois injuſte & cruelle,
j'aime la juſtice & la bonté. La nature
parle ainſi, & la raiſon qu'elle réveille applaudit à ſa voix : celle-ci joint aux diſcours
naïfs de la nature des raiſonnemens ſenſibles & profonds; elle nous arrête en nous
montrant le juſte & l'injuſte; ſi elle nous
préſente des vérités qui ſemblent ſe con-
tredire, elle nous apprend à les concilier.
En effet, ſi d'une part la raiſon nous
indique des ſacrifices généreux, dûs à nos
ſemblables, & d'autre part, nous autoriſe
dans un amour de préférence pour nous
mêmes; bientôt, d'accord avec la nature,
elle fait ceſſer cette contrariété apparente,
elle nous fait voir que ces ſacrifices, que
nous devons à nos ſemblables, ne contre-
diſent pas l'amour que nous devons avoir
pour nous mêmes, puiſque ces ſacrifices
paſſagers, trop peu encouragés par le
foible eſpoir de la reconnoiſſance, nous
aſſurent encore des biens immortels.

Quand la raifon & la nature nous font entendre, dans le même inftant, les remords du crime & les foupirs de la vertu, l'une & l'autre nous difent, que les efforts pénibles de la vertu fe juftifient par les jours tranquilles & la félicité qui l'attendent, & elles nous font voir pourquoi les remords deviennent la feule reffource d'une ame criminelle.

Tels font les axiômes de la nature & de la raifon. Obfervez, m'ajouta le Vieillard, que des axiômes de confcience ne fauroient être vrais & faux en même-tems; ils feroient tels cependant, s'il n'exiftoit dans l'avenir un autre ordre des chofes. Donc il faut conclure que les axiomes de confcience, qui fe détruiroient mutuellement s'il n'y avoit pas une autre vie, démontrent qu'il y en a une.

Voilà comme l'accord de la raifon & de la nature nous affure en même-tems l'exiftence d'un monde meilleur ; ni l'une ni l'autre ne fe repoferont jamais fur la noire idée d'un abfurde anéantiffement. Si toutefois, m'ajouta t-il, votre raiſon chancelle encore, prenez pour arbitre cette voix impoſante qui parle audedans de nous même, & qui s'oppoſant toujours au crime, entretient, dans tous les tems, la croyance & l'eſpoir d'un jour éternel. C'eſt-là le premier ſentiment de la religion des hommes; & pour me ſervir de la penſée d'un auteur célebre [1], ils ne l'ont point fait naître, puiſqu'il náît avec eux; jamais ils ne pourront le détruire, puiſqu'ils n'ont pu ſe le donner.

J'avoue, lui dis-je avec tranſport, que cet accord de la raiſon & de la nature, joint à ce ſentiment qui conſtitue la foi du genre humain, eſt une preuve bien frappante de la réalité d'une juſtice & d'une autre vie.

Je ſavois bien, me dit Méſophée, que des réflexions ſi naturelles vous feroient plus d'impreſſion que des raiſonnemens

____

(1) Fénelon.

B 4

métaphyſiques ; mais vous ſerez bien plus étonné d'apprendre que vos Philoſophes athées, ou partiſans de la nature, ſeront forcés de recevoir cette preuve, ou de renoncer aux principes, ſur leſquels ils appuient leurs ſyſtêmes.

En effet, ils ne ceſſent d'écrire que le témoignage des ſens réunis ne peut jamais nous tromper, quand ils atteſtent de concert l'exiſtence du même objet ; ils rendent graces à la nature de ce qu'elle nous a donné des yeux pour voir, des oreilles pour entendre ; mais d'après ces principes, peuvent-ils donc ignorer que cette même nature, ſi ſage, ſi ſûre dans tous ſes procédés, nous a auſſi donné des deſirs plus nobles ? Nous lui devons les douceurs de l'amitié, les plaiſirs du cœur, notre raiſon, enfin notre moralité. Si ſa marche invariable & certaine ne nous a jamais trompé relativement au monde préſent, ne devons nous pas reconnoître la même véracité dans les annonces qui ne peuvent être réaliſées que dans cette autre vie, dont elle ſoutient en nous l'idée, la crainte & l'eſpérance ? Eh ! pourquoi cet accord ſi viſible de nos facultés morales, qui embraſſent le préſent & l'avenir, n'auroit-il pas autant de certitude que l'accord & le réſultat de nos autres facultés ſenſibles, qui n'embraſſent que le monde actuel ? Mais remarquez ſur-tout, m'ajoutá-t-il, que tous ces deſirs & tous ces beſoins ne peuvent jamais provenir, que d'une ſeule & même cauſe. Appellez cette cauſe univerſelle, Dieu ou nature, vous reverrez toujours & les mêmes terreurs, & la même eſpérance ; & dès-lors, toujours les mêmes inductions que nous en avons tirées, toujours l'immortalité de nos ames, & un autre ordre pour les punir ou les récompenſer (1).

---

(1) Suivant la réflexion d'un excellent au-teur, les athées ne gagnent rien à nier Dieu & à reconnoître la nature, car il ne ſeroit pas moins terrible pour eux de tomber entre les

B ſ

Mais voici le moment, m'ajouta Méſophée, de vous faire entrevoir un des ſublimes rapports qui ſe trouvent entre Dieu
& l'homme, tant il eſt vrai qu'il exiſte
une foi commune, un accord tacite entre
tous les êtres raiſonnables. Avons nous jamais vû, ſans murmurer, notre ſemblable
écraſé par la force, gémir ſous le poids de
l'injuſtice ? Nous le plaignons, & nous
crions avec lui. Rien de plus commun que
ce concours de voix qui s'élevent ſubitement a la vue d'une injuſtice atroce & pu-
blique ; tous les eſprits ſont irrités ; l'ame
du ſage en eſt ſoulevée, la multitude
éclate, & les méchans mêmes, pour ſe
parer d'une vertu que tout le monde exige
dans les autres, ſont ſouvent ceux qui font
le plus de bruit. Ce premier cri de la nature n'eſt que l'ordre établi par ſon maître;
tous les peuples du monde ne portent le

mains de ce qu'ils appellent nature, que dans
celles du Dieu vivant.

Le Comte de Valmont, quatrieme édit. t. 3, p. 543.

même jugement, que parce qu'ils ont le
même légiflateur; mais s'il· eft une juftice
inféparable du cœur de l'homme, quelle
doit être celle du Créateur? Pourrions-
nous méconnoître dans Dieu la fublime
équité que nous trouvons dans nous-mêmes?. Cette juftice tient à l'effence de
l'ame, elle fait partie de notre être; nous
ne pouvons la détruire; elle nous fuit &
nous juge jufqu'au tombeau; s'il eft impoffible de méconnoître cette juftice, qui
vit encore dans l'homme, même le plus
corrompu, comment pourrions nous méconnoître dans Dieu une juftice toute-puif-
fante & immuable comme lui? Dieu feroit-il moins fage & moins grand que l'ouvrage de fes mains? Oui, nous portons en
nous la preuve la plus fenfible d'une vie
où la juftice divine doit un jour éclater; &
fi de tous les crimes qui ne font point ex-
piés fur la terre, il en exiftoit un feul
impuni, le plus vil des humains feroit par
le remord, plus jufte qu'un Dieu, qui
verroit du même œil le vice & la vertu.

B 6

Envain voudroit-on s'étourdir, on eſt forcé de convenir qu'il n'y a point d'objection à faire contre une religion qui ne
ſuppoſe que l'exiſtence d'un premier Etre,
qu'une liberté qu'on ſent & qu'on défend
ſoi-même, qu'une corruption profonde &
générale qui révolte & qu'on voit, qu'une
juſtice enfin qu'on admire & qu'on appré-
hende, parce qu'elle doit un jour punir ce
qu'elle condamne à préſent.

LE THEISME.

JE mourrai, & mon ame doit furvivre à mon corps, pour être récompenfée ou punie. Voilà donc les deux feules vérités que mon efprit ait encore apperçues. Quel fera le genre de peine ou de récompenfe qui m'attendent après la mort? Cette troifieme vérité une fois connue, je ferai fans doute au terme de mes recherches; toute autre fcience me paroît vaine.

Mais qui peut m'apprendre la véritable deftinée de l'homme, fi ce n'eft le Dieu qui l'a placé fur la terre? A·t·il parlé? Qu'a-t·il dit? Et quelle eft la religion, dépofitaire de fes paroles? La religion naturelle fuffira peut-être pour m'indiquer mes devoirs; mais pourra-t-elle jamais m'apprendre la nature de mes efpérances & de mes craintes? Helas! je refte immobile entre les deux grandes vérités que j'ai ap-

perçu, & mon efprit ne peut déformais
fe fatisfaire, qu'autant que je puiferai des
connoiffances nouvelles dans la véritable &
unique religion qu'il a plu au Ciel de donner aux hommes. J'avoue que plus je ré-
fléchis, plus je fens augmenter ma foi &
ma vénération pour le chriftianifme, il eft
des momens où mon efprit croit y appercevoir fon Créateur; que cette heureufe
foi foit pour mon cœur! mais laiffons agir
ma feule raifon. Méfophée veut me convaincre : fi fa conquête eft facile, qu'il
puiffe au moins l'ignorer longtems; que
mon obftination apparente le force à développer fes penfées, qu'il place dans ma
mémoire fes paroles victorieufes ; je
fais ferment de m'en fervir un jour pour
éclairer mes femblables. En attendant,
prenons des armes redoutables & choifif-
fons-les dans les arfenaux de la plus forte
incrédulité. Dès ce moment, je me livrai
à un examen férieux des ouvrages célèbres;
je comparois fouvent mes anciennes illu-
fions aux vérités que je venois enfin de

reconnoître ; je ne pouvois concevoir que j'euſſe vécu ſi longtems dans cette ignorance groſſière. J'ai dit que mon éducation avoit été livrée à un homme ſans principes & ſans mœurs ; mes paſſions, flattées par ſes maximes, étoient encouragées par ſes exemples ; mais j'aurois pu, comme je l'éprouvai bientôt, détruire moi-même une partie des erreurs dont on cherchoit à m'inveſtir, il me ſuffiſoit de lire avec plus d'attention les ouvrages mêmes qui ont obtenu le plus de ſuccès parmi les Philoſophes. *L'Entendement humain* de Locke fut le premier livre qui ſe préſenta à mes yeux ; quelle fut ma ſurpriſe! On m'avoit enſeigné qu'il n'y a réellement ni vices ni vertus ; Locke m'auroit convaincu „ que la „ connoiſſance des vérités morales eſt auſſi „ capable de certitude, que celle des vé- „ rités mathématiques". (*Entend. hum. Liv.* 3 , *Ch.* 11 , §. 16.)

Si j'adore aujourd'hui un Etre Créateur & conſervateur de tous les autres êtres,

par quel malheur ai-je pu le méconnoître
fi longtems ? Locke m'eût appris : ,, Que
,, l'exiftence d'un Dieu eft aufli certaine
,, & évidente, qu'il eft évident que les
,, trois angles d'un triangle font égaux à
,, deux droits." *Entend. hum. Liv.* 1 ,
Ch. 3 , §. 16.

D'après une maniere de penfer fi contraire aux idées des nouveaux Philofophes,
fur des matières de cette importance , je
fus curieux d'examiner les fentimens de ce
célèbre Anglois , fur la poffibilité de la
création, fur la révélation, fur les miracles, enfin fur tous les objets dont s'occupe la nouvelle philofophie. Quelle fut
encore ma furprife, de voir que fa manière
de penfer étoit toujours diamétralement
oppofée à celle de nos Philofophes modernes ! Cette découverte me fit conclure que
ces fages fi éclairés n'étant jamais d'accord
avec Locke fur les objets les plus effentiels, il falloit néceffairement qu'ils euffent
eu tort de proclamer Locke un grand
homme, ou que Locke auroit été fondé à

les regarder comme de mauvais raiſonneurs. J'ignore ſi ma logique eſt bonne, mais j'attends encore une réponſe à mon dilemme.

J'avois parcouru rapidement l'ouvrage de Locke (1) ; j'en ſuſpendis la lecture juſqu'au moment où je pourrois en faire l'objet d'une étude ſérieuſe : ce fut moins l'attention pénible qu'exigent les matieres traitées dans ſon livre, qui me fit prendre ce parti, que l'impatience où j'étois d'approfondir ce ſophiſte éloquent (2) dont la plume hardie étonna ſa nation. Je voulus m'introduire dans l'école de ce républi-

---

(1) Liſez à la fin de ce chapitre, une note importante ſur cet Auteur.

(2) J. J. Rouſſeau : on auroit bien tort de le confondre avec les prétendus Philoſophes de notre ſiecle ; perſonne ne les a ſi bien connus & ſi vigoureuſement peints. L'eſpece de mépris & l'indignation même que cet auteur a témoignés contre eux dans tous ſes ouvrages, éleve un mur d'airain entre ſon école & la leur.

cain, célèbre par fes talens & par fa fingu-
larité; fon art me furprit; fon ftyle m'eni-
vroit; l'éclat des vérités naturelles & morales qu'il développe, portoit la lumiere
dans mon efprit & le fentiment dans mon
cœur. Que n'ai-je été, m'écriois-je, le
compagnon d'Emile! A peine ma raifon
eût-elle été capable de l'entendre, que fon
maître m'eût offert le Créateur fous une
forme touchante & majeftueufe; il m'auroit fait trouver dans moi-même, ce livre
de morale qui nous enfeigne toute vérité;
j'euffe vû la religion naturelle gravée dans
tous les cœurs en caractères ineffaçables.
On apprenoit à Emile, au fortir de l'enfance, la plûpart des vérités qu'Arfenne &
le Vieillard ne m'ont appris à connoître
que dans la maturité de l'âge, après de
longs égaremens & avec de pénibles efforts.

J'avoue néanmoins que j'étois furpris de
voir cet homme atrabilaire, fréquemment
en contradiction avec lui-même, tantôt
théifte, tantôt chrétien, dire quelquefois

que fans la révélation, l'homme n'auroit jamais pu apprendre à compter jufqu'à dix, & d'autres fois, que la révélation étoit inutile; cependant on repréfentoit à Emile le pouvoir de fa liberté, comme un préfent du Ciel qui lui laiffe le mérite & la gloire d'affimiler fa volonté à la volonté fuprême. Je trouvois donc dans la religion naturelle, un Dieu, un culte & mes devoirs; j'avois l'idée la plus exacte du jufte & de l'injufte, & fans préfumer encore des malheurs éternels pour les coupables; je voyois dans l'avenir la vertu récompenfée & le crime puni.

Tel étoit ce théifme dont les loix fe bornent à nous apprendre, que les vrais devoirs de la religion font indépendans des conftitutions des hommes; qu'un cœur jufte eft le vrai temple de la Divinité; qu'en tout pays & dans toute Secte, aimer Dieu par deffus tout, & fon prochain comme foi-même, eft le fommaire de la loi.

J'appercevois cependant avec plaifir, que ces maximes étoient au fond les mêmes que celles dont tous les Chrétiens avoient pû s'inftruire dans leurs catéchifmes, dix-fept fiécles avant que J. J. Rouffeau les eût enfeignées.

J'étois néanmoins faché d'imaginer qu'un vrai théifte ne pouvoit raifonnablement embraffer le chriftianifme, puifque l'on prétendoit „ que fuivant fes dogmes, il „ etoit évident, que pour croire au Dieu „ des Chrétiens, il falloit renoncer à la „ raifon." Cette révélation, qui nous an-nonce des chofes fi inintelligibles, eft donc la feule barrière qui me fépare de Méfo-phée! Il croit tout ce que je crois; il le conçoit. Pourquoi s'obftine-t-il à croire encore ce qu'il ne fauroit comprendre? Mais ce n'eft fans doute que dans les ob-jets fur lefquels nous fommes d'accord, qu'il puife fa fageffe & fa vertu. J'étois fi perfuadé de mon théifme, qu'il étoit des momens où j'ofois me flatter de convaincre Arfenne & peut-être Méfophée lui-même.

C'eſt ainſi que m'expoſant au danger de l'erreur, je me trouvai preſque ſéduit, ſans m'en douter : ma foi naiſſante diſparoiſſoit devant une raiſon trop orgueilleuſe ; heureuſement mon cœur étoit droit ; je cherchois Dieu ; & l'homme, quand il le veut, eſt toujours ſûr de le trouver. Abſorbé dans mes réflexions, je n'étois occupé que du théiſme ; mon eſprit étoit ſatisfait, & ma raiſon tranquille ſe diſpenſoit de croire des choſes inintelligibles.

Je jugeois toutefois que la raiſon des hommes, ſurtout celle du vulgaire, exigeoit des preuves de fait ; je voyois que la multitude ne pouvoit être conduite que par le fil d'une premiere tradition, auſſi ancienne que le monde ; ce qui ſuppoſoit une loi intimée autrefois par un Dieu, & depuis atteſtée de ſiecle en ſiecle par des témoignages humains. Je n'ignorois pas que mon nouveau maître s'étoit écrié : *que d'hommes entre Dieu & moi !* Mais cela me paroiſſoit inévitable, & je ne voyois

pas que ce vain raifonnement dût affoiblir
l'autorité de cette fuite de témoignages.
D'ailleurs ; en admettant une premiere
génération, il me fembloit qu'on ne pouvoit guère avoir perdu la trace de ces
tems primitifs, ni le fouvenir de ce précieux dépôt qui avoit été confié aux premiers hommes, & dont la tranfmiffion leur
avoit fans doute été recommandée dans les
termes les plus impérieux.

Il eft vrai que je retrouvois enfuite, dans
le théifme, ce que la foi des Chrétiens me
paroiffoit renfermer de grand & de raifonnable; ainfi, partagé quelque tems entre
le premier penchant qui me portoit au
chriftianifme, & l'efpèce d'éblouiffement
que me caufoient le théifme & fa fim-
plicité, je me jettai enfin tout entier dans
ce dernier parti; je conclus qu'il ne falloit blâmer les préjugés d'aucune religion;
qu'il me fuffifoit que le Dieu de l'univers
fût adoré dans tout fon empire; que je
pouvois même regarder fans crime la variété des opinions religieufes, comme au-

tant d'hommages diverfifiés qui lui étoient rendus par des peuples différens; ainfi, ma foi, fi foible encore, mouroit prefqu'en naiffant au milieu des dangers où je l'avois expofée par des funeftes & imprudentes lectures. Je raifonnois ainfi, lorfque j'apperçus Méfophée & Arfenne qui s'avançoient vers moi. J'étois agité, & aucun de mes mouvemens n'échappoit à leurs yeux; ils m'abordèrent l'un & l'autre avec un air tranquille.

Eh! bien, me dit le Vieillard, nous confieriez-vous le réfultat de vos penfées?

— Vous prévenez mes defirs, j'allois vous confulter; vous voulez connoître l'objet de mes réflexions, écoutez donc ma profeffion de foi. Depuis longtems, je fonde toutes les religions; la loi naturelle du premier homme, dut certainement lui être donnée par l'auteur de fes jours; elle fut fans doute fuffifante pour le conduire; elle n'a pas befoin de nous être révélée; tous les hommes en naiffant la reçoivent de Dieu même; le diplome en eſt gravé dans tous les cœurs; il eſt en même-tems publié dans toute la terre, & ce miracle univerſel répond à la grandeur de la Divinité, qui ſe communique partout dans le même inſtant. Cette loi ſi univerſelle, ſi ſage, Dieu a-t-il voulu la changer? ou les hommes ont-ils changé eux-mêmes? C'eſt ce qu'il faut prouver; car ſitôt que l'on connoît une religion divine, on ne peut raiſonnablement la quitter pour s'expoſer au danger d'en embraſſer une autre, inſtituée par des hommes.

Je regarde l'athéiſme comme l'anéantiſſement de tout principe de vie. Un athée de bonne foi & réfléchi, me paroît un être imaginaire. Le matérialiſme me paroît abſurde en lui-même. Je ne puis auſſi me former aucune idée raiſonnable d'une créature ſans loi, ſans eſpoir, errante au gré de ſes deſirs, & indifférente à l'auteur de ſa vie; cette eſpece de déiſme me paroît inſoutenable.

D'un

D'un autre côté, le chriftianifme renverfe ma raifon & mes fens; je cherche
donc, avec confiance, dans le plus pur
théifme, le foutien de ma vertu & la force
de ma raifon: enfin, je me flatte de trouver, dans ce feul fyftême, le repos de
mon efprit & le bonheur que je cherche.

Je fuis enchanté; dit le Vieillard, de
vous entendre; vos progrès font rapides;
vous ignorez fans doute qu'un vrai Théifte
eft bien près d'être Chrétien, le Théifte
& le Chrétien font toujours fur le point
de s'embraffer, c'eft l'orgueil qui les fépare; malgré la fierté de votre efprit,
vous n'êtes rien moins qu'orgueilleux;
vous ferez donc bientôt Chrétien. Pour
vous convaincre, un long difcours feroit
fuperflu; jugez vous même, en un moment, cette importante queftion. Que re-
pondriez vous, fi vous entendiez une voix
qui vous adreffât ces paroles: ,, Homme
,, aveugle & inconfidéré, tu ne connois
,, d'autre loi que celle de la nature; mais

Tome II.   C

,, trouves-tu dans la nature la force d'ac-
,, complir fa loi? Médite donc les obliga-
,, tions que cette loi t'impofe; écoute cette
,, nature qui te crie d'un ton impérieux:
,, le premier de tes devoirs eft de te rap-
,, procher de l'auteur de ton être, non-
,, feulement par l'adoration & l'obéiffance,
,, la reconnoiffance & le refpect, mais par
,, le plus fublime amour: écoute cette na-
,, ture, offrant tout à coup à tes yeux une
,, foule d'infortunés, s'écriant pour eux &
,, avec eux: fais pour nous ce que tu vou-
,, drois que nous fiffions pour toi, fi tu
,, étois auffi malheureux que nous, & que
,, nous fuffions auffi heureux que tu l'es;
,, entends cette même voix qui te dit:
,, voilà ton ennemi, il a voulu te perdre,
,, tu peux te venger; mais pardonne: ap-
,, perçois ici la volupté qui te préfente
,, les attraits de la femme de ton fem-
,, blable; refpecte-la, te dit cette voix
,, menaçante; fais plus encore, réfifte à
,, fes charmes, fi elle-même veut te fé-
,, duire; garde-toi de porter le trouble &

,, le déshonneur parmi ces vierges timides;
,, leur foiblesse, leur inexpérience assurent
,, le triomphe de tes sens: mais si tu veux
,, qu'on respecte tes enfans, modère tes
,, desirs, souviens toi que tes concitoyens
,, iront chercher des compagnes parmi ces
,, vierges innocentes ; prend garde aux
,, paroles indiscretes ; réprime la médi-
,, sance, étouffe la calomnie, évite les flat-
,, teurs, refuse leurs louanges & leurs
,, présens ; sache entendre & dire avec
,, courage de fortes vérités, souviens-toi
,, surtout qu'il y aura pour toi des momens
,, redoutables, où la sévère nature te de-
,, mandera les plus grands sacrifices, sans
,, intérêts & sans témoins; sois donc juste
,, alors, généreux, parfait si tu peux
,, l'être, & glorifie-toi ensuite dans ton
,, sublime théisme."

Après avoir prononcé avec véhémence
ces dernieres paroles, le Vieillard garda le
silence, il fixa sur moi un regard paisible.
Occupé d'une foule d'idées qui se présentoient à mon esprit, je me taisois moi-

même, mes yeux fe fixoient vers la terre ;
tout annonçoit mon doute & ma perplexi-
té, ou du moins un homme qui cherche
une vérité & qui craint de la trouver prefqu'autant qu'il la defire.

Enfin Méfophée rompit le filence, &
d'une voix moins rapide & plus douce,
mon cher Baron, me dit-il, je vous connois, votre ame eft haute & fiere ; n'importe, pourvu qu'elle foit vraie ; dépouil-
lons-nous ici de tout orgueil ftoïque, il
n'en impofe qu'au théâtre, à une foule de
fpectateurs peu inftruits ; quittons la repré-
fentation pour la réalité ; fachons être
homme fans rougir : un théifte fincere
pourra-t-il s'efforcer de remplir conftamment les devoirs que la loi de la nature lui
impofe, fans éprouver mille fois une foibleffe déplorable, fans gémir d'un fond
de corruption inconcevable ; pourra-t-il
gémir de fa corruption & éprouver tant de
foibleffe, fans foupçonner une dégradation
d'une nature affoiblie & fans defirer des
fecours puiffans qui la réparent ? Eh ! bien

ce defir même eft une priere. Je ne me trompois donc pas, quand je vous difois que le théifte fincere étoit bien près de devenir chrétien, puifque le chriftianifme eft la feule religion de la terre qui avertiffe l'homme, qu'il eft foible & dégradé; qui lui apprenne qu'un réparateur lui a été promis; qu'un fecours furnaturel lui eft néceffaire, & que pour l'obtenir, la priere lui eft commandée..... Si nous laiffons ici les fubtilités de l'efprit pour écouter la voix du fentiment, je penfe que bientôt la fierté de votre théifme pourroit fe démentir, pour defcendre jufqu'à l'humilité du Chretien, qui n'eft au fond que la connoiffance de foi-même & l'aveu de fa foibleffe.

Méfophée s'arrêta encore un moment après ces paroles: mais je m'apperçois, continua-t-il, que notre marche eft précipitée, nous nous hâtons trop tôt de former un Chrétien; oubliez, mon cher Baron, jufqu'au nom du chriftianifme; foyez en-

core Théiste pendant quelque tems , &
même Théiste passionné; je vous conjure
seulement de peser ces trois vérités: les
devoirs de l'homme sont bien pénibles; ses
forces sont bien foibles; les motifs du pur
théisme, bien confus; tout cela réuni ne
semble-t-il pas solliciter une action divine
& nouvelle, qui en développant les motifs, en fortifiant tant de foiblesse, assure
l'accomplissement des devoirs de la loi naturelle? Approfondissez-vous même cette
importante question; car on n'est jamais
mieux persuadé que par les lumieres qui
sortent de notre propre fond.

Toutes ces paroles de Mésophée étoient
pour mon cœur des traits de feu; rappellé,
malgré moi, à la conviction intime de
ma foiblesse, je sentois tomber avec mon
orgueil un systême que l'orgueil avoit formé; eh quoi! m'écriai-je avec transport,
ce théisme imposant ne seroit-il donc
qu'une spéculation vaine, qu'une chimère
brillante ?

Oui, répondit le Vieillard, du ton le plus affirmatif qu'il eût pris encore; tout homme qui s'annonce comme vrai Théiſte, eſt un véritable impoſteur; il cherche à tromper les hommes; il y réuſſit quelquefois; mais il ne ſe trompe jamais lui-même, & toujours il ment à ſa conſcience. Eh! qu'importe en effet, que l'homme trouve ſes devoirs au fond de ſon cœur, s'il n'y trouve en même-tems les grands motifs qui les appuyent, & la force néçeſſaire pour les remplir?

Le Théiſme conſtant & durable n'exiſtera jamais, il n'eſt pour l'homme qu'une préparation à un état plus parfait, il n'eſt que le commencement d'un grand ouvrage, il n'eſt enfin qu'une voie, & toute voie ſuppoſe un terme: mon chèr Baron, vous venez d'entrer dans cette voie, puiſſiez-vous bientôt toucher au terme où elle conduit.

Quelle religion, m'écriai-je, reſtera-t-il donc aux hommes?

Il en eſt une cependant, me dit Méſophée; car puiſqu'il exiſte des rapports néceſſaires entre les hommes & leur créateur, entre leur juſtice & la ſienne; ces
rapports quelconques doivent conſtituer
l'eſſence d'une loi, qui par des liens ſacrés,
uniſſe la terre avec le Ciel; c'eſt dans cette
loi que l'homme doit trouver des motifs
& des ſecours pour ſon accompliſſement;
& puiſque ni les uns ni les autres ne ſont
aſſez abondans dans la loi générale, puiſque
les Philoſophes de l'antiquité les y ont vainement cherchés, & que ceux de nos jours
les y cherchent vainement encore, ils exi-
ſtent donc dans une loi nouvelle, ajoutée
la loi générale; & c'eſt cette loi qu'il faut
découvrir [1].

---

(1) Le Vieillard ne doutoit cependant pas
que des hommes vivant dans l'ignorance abſolue
d'une loi révélé, ne reçuſſent des ſecours ſurna-
turels qui les miſſent en état d'obſerver les loix
du théiſme, qui n'eſt en lui-même que le ſom-
maire de la religion naturelle.

Mais je me rappelle, dit Arſenne, en m'adreſſant la parole, que vous demandiez tout à l'heure dans le fort d'une vive exclamation, ſi Dieu avoit voulu changer ſa religion, ou ſi les hommes avoient changé eux-mêmes.

Oui, ils ont changé, vous répondrai-je, & pour vous convaincre de cette vérité, étudions les hommes de tous les tems. Excepté le peuple Juif dont l'eſprit fut éclairé par une révélation du Ciel, quel affreux tableau nous eſt préſenté par les nations qui ont été privées d'une révélation particuliere ! Nous voyons des peuples enchaînés par la ſuperſtition, ſourds à la voix de la nature, immoler des victimes humaines; nous en voyons d'autres, donner aux peres barbares le pouvoir d'expoſer leurs enfans aux bêtes féroces, aux oiſeaux de proie : l'hiſtoire nous offre des nations, qui par une affreuſe pitié, égorgeoient leur peres dans leur vieilleſſe.

C ſ

Enfin, de quelque côté que l'on jette les yeux, on voit les excès les plus hon‑teux fervant de principes de morale, & faifant même partie des fêtes & des céré‑monies religieufes; on feroit tenté, comme le dit un Critique du dernier fiecle : „ De „ prendre tous ces crimes, trop réels à la „ honte de l'homme, (1) pour des calom‑„ nies inventées contre le genre humain".

Un oubli, répondis-je, auffi répandu & auffi extrême de tout droit naturel, ne pourroit-il pas être attribué à l'indolence & au peu de progrès de l'efprit humain?

Mais quand on fuppoferoit, me dit Ar‑fenne, que les peuples de tous les âges euffent été inftruits & policés, combien exifteroit-il encore de vérités importantes, de promeffes, de menaces, de motifs que les feules lumieres de la nature n'auroient jamais pu découvrir avec certitude ? La multiplicité des feétes des Philofophes de

---

[1] Bayle.

l'antiquité, la variété des opinions & leur sentiment contraire sur les mêmes objets, forment la preuve de cette vérité. Cependant pour vous convaincre d'une maniere plus sensible, transformons ces hommes stupides & barbares en autant de sages instruits & éclairés, douons-les même de la plus sublime philosophie, faisons en des *Socrate*, des *Platon*, des *Ciceron* ; que résultera-t-il de cette merveilleuse métamorphose, sinon qu'avec les mêmes lumieres & le même génie, ils seroient obligés de proclamer la même vérité que ces grands hommes ont si souvent prononcée?

,, A moins, disoit Socrate a ses disciples, ,, qu'il ne plaise à Dieu de nous envoyer ,, quelqu'un pour nous instruire de sa part, ,, n'espérez pas de réussir jamais dans le ,, dessein de réformer les mœurs des hom. ,, mes. [*Plat. in Apolog. Socratis*]

,, Nul homme, disoit Cicéron, ne sauroit être véritablement grand sans être ,, inspiré par un soufle divin". [*De natura deorum.*

C 6

Vous m'objecterez, peut-être, que les connoiffances font devenues infiniment plus sûres, & que les profondes recherches de tous les hommes ont porté la philofophie de nos jours à la plus haute perfeétion.

Eh! bien, pour le plus grand triomphe de la raifon, j'admets avec plaifir les hypo-théfes les plus inconcevables; & je confens à reconnoître que les Philofophes de nos jours font doués par la nature d'un génie plus vafte que les *Socrate*, les *Platon* & les *Cicéron*. Je veux encore que ces demi-Dieux convoquent toutes leurs écoles pour former un code univerfel de morale & prononcer fur les dogmes de l'immorta-lité de l'ame, des peines & des récompenfes de la vie future; penfez-vous, que fi la ré-vélation n'avoit jamais paru, ils puffent, par les feules lumieres de la raifon, & d'un commun accord, établir ces mêmes vérités qu'ils ont apprifes fans peine & prefque en naiffant, & qui dans notre fuppofition auroient été inconnues jufques à eux?

Penſez-vous encore que les préceptes &
les devoirs de morale réduits en code métaphyſique, préſentaſſent de grandes lumieres à tous les peuples, & fuſſent bien
propres à éclairer tant d'eſprits différens,
à développer, & ſurtout à fixer immua-
blement ces principes ſublimes que le plus
grand nombre altérera toujours plus ou
moins, ſoit par la foibleſſe de l'eſprit,
ſoit par la force des paſſions, ſoit enfin
par la ſéduction des mauvais exemples ?
Un coup d'œil ſur l'hiſtoire des ſiecles,
ſuffit pour convaincre que la religion eſt
une ſcience profonde, qui réclame la néceſſité d'un maître pour tous les eſprits.
Sans révélation, les peuples de l'antiquité
ſe ſont partout jettés dans les abſurdités du
polithéiſme; & dans ce ſiecle, les Philoſophes qui la rejettent, tombent dans un
déiſme abſurde, ou dans l'athéiſme & le
matérialiſme, qui ſont pires que l'idolatrie.

Mais, je ſuppoſe encore, que le cœur
& les lumieres de ces nouveaux légiſlateurs

ne puffent les égarer; ce feroient toujours
des hommes, qui parleroient à d'autres
hommes; il feroit toujours permis à leurs
difciples de douter; & quand ils feroient
convaincus, comment pourroient-ils donner aux décifions de leurs maîtres, la fanc-
tion irrévocable de la vérité? Nous avons
fuppofé que la fageffe & le génie ne man-
queroient pas à nos Philofophes; mais la
qualité la plus effentielle leur manqueroit
toujours, c'eft l'autorité; & quand il eft
queftion de religion, de l'avenir, de nos
efpérances, & de nos craintes, Dieu feul
peut parler & commander aux hommes.

Ici le Vieillard interrompit Arfenne : ne
laiffons point échapper l'occafion, me dit-
il, de vous convaincre par l'autorité même
de l'auteur que vous m'oppofez : écoutons
l'inftituteur d'Emile.

Vous avez dû lire dans fes écrits, ,, que
,, les hommes ont erré fur la religion par
,, la fantaifie des révélations.'' Que con-
cluzons-nous de-là, finon qu'une fantaifie

fi générale eſt la plus forte preuve du befoin que l'on avoit d'une révélation. D'ailleurs, c'eſt reculer la difficulté & non la
réſoudre; car ſi la fantaiſic des révélations
a fait errer tous les hommes en matiere de
religion, peu importe la cauſe de leurs erreurs, il eſt toujours certain qu'ils ont erré, donc ils avoient beſoin d'être conduits
& éclairés.

Citons encore quelques paſſages du même
auteur; il dit: „ que l'Etre incompréhen-
„ ſible qui embraſſe tout, n'eſt ni viſible
„ à nos yeux, ni palpable à nos mains;
„ l'ouvrage ſe montre, mais l'ouvrier ſe
„ cache, ce n'eſt pas une petite affaire de
„ connoître enfin qu'il exiſte." [*Emile*
t. 3, p. 313.

Quoi ! pour un Philoſophe tel que J. J.
Rouſſeau, pour un éléve auſſi heureux que
ſon Emile, *ce n'eſt pas une petite affaire de
connoître enfin ſi Dieu exiſte?* Quelle grande
& immenſe affaire ſera-ce donc pour
des femmes ignorantes, pour le laboureur,

l'artifan, & pour le peuple innombrable
& groffier. Il paroît donc bien naturel que
le pere des hommes leve lui-même des obftacles fi difficiles, qu'il conduife fes foibles
enfans, & qu'il les éclaire par une révélation extraordinaire.

Le même écrivain dit encore: ,, on a
,, beau vouloir établir la vertu par la rai-
,, fon feule, quelle folide bafe peut-on lui
,, donner ? " [*Emile tom.* 3, *p.* 184]

Mais fi la raifon feule, de l'aveu de l'in-
ftitutcur d'Emile, ne peut fervir de bafe
à la vertu, le théifme ne le peut donc pas,
puifque le théifme n'eft au fond que la religion de la raifon; fi le théifme eft infuf-
fifant, il faut donc une loi nouvelle, laquelle ajoutée a la loi naturelle, fupplée à
ce qui lui manque.

Confultons encore votre Philofophe,
car il fournit lui-même les preuves les plus
decifives de la néceffité d'une révélation
qu'il cherche à détruire.

Il nous dit : „ que les bonnes inſtitu-
„ tions humaines ſont celles qui ſçavent le
„ mieux dénaturer l'homme. "

D'après ce principe même, n'eſt-il pas
raiſonnable de conclure, que ſi les meilleures inſtitutions humaines ne ſervent qu'à
dénaturer l'homme, il lui falloit donc néceſſairement une religion ſurnaturelle, capable de réparer l'homme dénaturé ?

Il ajoute : „ que l'homme naturel doit
„ tenir à la ſociété le moins qu'il eſt poſ-
„ ſible ; que dans l'état ſocial, le bien de
„ l'un fait néceſſairement le mal de l'autre ;
„ qu'il faut opter, ou faire un homme ou
„ un citoyen. "

Toutes ces maximes qui partent des
mêmes principes de cet écrivain, ne ren-
ferment-elles pas une preuve évidente de
la néceſſité d'une révélation ? En effet, ſi
l'on convient, comme on le doit, que
l'homme eſt né pour vivre en ſociété, &
que néanmoins ſa nature vicieuſe paroiſſe

contraire à l'ordre focial; il faut donc néceffairement une religion qui puiffe rétablir l'homme dans le premier état pour
lequel il eft naturellement fait.

Il réfulte delà, m'ajouta le Vieillard,
que les Philofophes ne peuvent perdre
de vue le chriftianifme, fans renoncer tout
à fait à la loi naturelle qu'ils réclament fans
ceffe; car cette loi primitive fe trouvera
toujours plus affoiblie & plus dégradée, à
mefure qu'on s'éloignera de la véritable
religion qui la conferve & la rétablit.

Enfin, dis-je à Méfophée, j'abandonne
à jamais l'auteur d'Emile; j'avoue que la
peinture de fon théifme m'avoit féduit;
mais quelque brillant qu'il puiffe être, que
devient-il dès qu'il eft impraticable? Les
chimeres de l'efprit & du cœur peuvent
offrir des menfonges agréables, mais jamais
des vérités fatisfaifantes; & je conviens
avec vous que le plus beau théifme, que
l'imagination puiffe repréfenter, n'eft tout
au plus que l'image imparfaite & défigurée de la véritable religion de l'homme.

Dès que ma raiſon m'eut donné ce point d'appui, je le crus inébranlable; mais en revenant ſur mes pas, je revoyois ce qui ſouilloit à mes yeux, un ouvrage conçu par un Dieu bon & tout puiſſant. Je ne pouvois concilier ſon amour pour les hommes, leur grandeur & leur abjection. Plus ſurpris de leur foibleſſe que de leur perverſité, je diſois, que d'ames baſſes & élevés qui connoiſſent le bien, qui l'aiment, qui l'admirent ſouvent, & qui font preſque toujours le mal! J'avois une foule d'idées, que je ne pouvois accorder, & cependant je trouvois entr'elles des liens ſi néceſſaires, que je ne pouvois les ſéparer.

J'allois entamer la diſcuſſion du mal phyſique & morale, lorſque le Vieillard m'interrompit: egayez votre imagination, me dit-il; ne raſſemblez point autour de vous, des fantômes qui ne ſont propres qu'à retarder la marche de votre eſprit; ne vous étonnez point; ce ne ſont que des ombres qui accompagnent des vérités que

vous ne découvrez pas encore ; mais avant
que de chercher à les diffiper , il eft à
propos de repofer votre efprit & de le
fixer fur les vérités que l'on vient de vous
faire connoître. Remettons au lendemain
l'examen de la grande queftion du mal
phyfique & moral.

*Note ſur l'ouvrage de Locke, renvoyée
de la page 41.*

ON eſt bien éloigné de juſtifier le ſepti-
ciſme de ce métaphyſicien : ſon opinion, plus
qu'extraordinaire, ſur un Etre matériel ſuſceptible de la penſée, révolte avec raiſon la fierté
de tous les eſprits, & ſans vouloir affoiblir
le ſel épigrammatique d'un de nos écrivains,
qui s'écrie : ,, Que répondrons nous à ces mo-
,, deſtes Théologiens, qui ne veulent pas que
,, Dieu puiſſe faire penſer la matiere "; Je
crois néanmoins qu'il auroit pu ajouter : ,, que
,, ces modeſtes Théologiens, ne veulent pas
,, auſſi que Dieu puiſſe faire tout à la fois
,, qu'une choſe ſoit & ne ſoit pas ; & qu'ils
,, ne peuvent pas encore concevoir comment
,, il ne répugne point à ſes divins attributs de
,, changer l'eſſence & la nature des choſes ".

Mais pour revenir à Locke , plaçons ſous
les yeux du Lecteur ſon fameux paſſage :
,, Peut être ne ferons-nous jamais capables de
,, connoître ſi un être purement matériel penſe
,, ou non, par la raiſon qu'il nous eſt impoſ-
,, ſible de découvrir, *ſans la révélation*, ſi
,, Dieu peut faire penſer la matiere ".

J'ignore fi Locke a toujours été attaché à un pareil paradoxe; mais ce que je ne puis ignorer, c'eft qu'il n'a pu le mettre au jour, fans tomber dans la plus étrange contradiction avec lui-même, & fans anéantir tous fes principes; en effet, il ne démontre l'exiftence de Dieu, que par les mêmes raifons qui prouvent, que ce qui penfe, ne peut dans aucun cas, être *matiere*, ou *accident de la matiere*.

Mais ce qui doit nous furprendre, au-delà de toute expreffion, c'eft que le même auteur après nous avoir dit (1): ,, Qu'il eft bien ,, éloigné de concevoir comment la matiere ,, pourroit jamais penfer '' femble infinuer dans le cours du même ouvrage ,, que les corps ,, pourroient bien n'avoir vis-à-vis de nous, ,, qu'une exiftence *relative*, & que nous ne ,, pourrions jamais affirmer que leurs qualités ,, apparentes & *fenfibles*''. Ce qui fuppoferoit alors qu'on ne peut affirmer que l'exiftence de l'*efprit*, qui feul peut appercevoir les qualités *fenfibles du corps.*

Il faut convenir qu'une pareille propofition refpire bien le *fpiritualifme*; il réfulte de cette petite difcuffion métaphyfique, que dans tous les cas, l'hypothèfe de Locke n'eft qu'un paradoxe ifolé.

____

(1) *Enten. hum.*, *pag.* 441.

LE BIEN ET LE MAL,

PHYSIQUE ET MORAL.

JE méditois fur la nature de l'homme, & je ne pouvois penfer à fa creation, fans être effrayé de la corruption d'un monde, formé par une fageffe infinie. Si je pouvois du moins, me difois-je à moi-même, me perfuader que l'homme eft l'auteur de fes maux: il me femble que j'adorerois, fans raifonner, la profondeur de ce myftère. D'où viennent donc ces paffions fougueu-fes qui nous tyrannifent, ces vices hon-teux qui nous aviliffent? Non s'il eft un Créature, ce n'eft pas ainfi que fa créa-ture a dû fortir de fes mains. Dans l'homme vertueux, j'entrevois l'image d'un Dieu; mais dans le coupable, que puis-je recon-noître? L'homme fe feroit-il dégradé? Comment a-t-il perdu fa premiere inno-cence? S'il a commis le mal, qui le lui a fait connoître? Pourquoi le mal exiftoit-il devant la fource éternelle du bien?

L'heure de notre rendez-vous appro-
choit ; je portai à Méſophée mes nouvelles
inquiétudes ; après m'avoir écouté tran-
quillement :

Vous croyez, me répondit-il, à l'exiſtence d'un Dieu ; conſéquemment vous
croyez à ſa puiſſance & à ſa bonté ; cependant vous êtes ſujet à la douleur ; vous
voyez régner ſur la terre le crime & la
mort ; l'homme eſt donc malheureux &
coupable ; il s'eſt donc lui-même dégradé, car il n'y a point d'effet ſans cauſe.
Mais quelle pourroit être la ſource de ce
mal ? Réſulteroit-il de quelque combinai-
ſon monſtrueuſe de la nature & du hazard ?
Non, ſans doute, puiſque vous reconnoiſ-
ſez un Dieu créateur. Auriez-vous recours
à la fable de deux principes oppoſés qui
euſſent concouru à la création de l'homme ?
Vous êtes trop éclairé pour la croire ; mais
enfin, ſi Dieu eſt le créateur de l'homme,
naturellement vicieux & infortuné ; il
auroit donc manqué de puiſſance ou de
bonté,

bonté, car ou il n'auroit pas pu, ou il n'auroit pas voulu rendre les hommes meilleurs ? Sans doute ces expreſſions vous étonnent & vous bleſſent ; mais puiſ-que vous croyez à cette vaſte intelli-gence, il faut donc lui ſuppoſer néceſſai-rement des raiſons & des motifs cachés dans ſon eſſence, ou bien dans celle des choſes qui ne ſont connues que de lui ſeul.

— Cette réponſe ſimple & préciſe me déconcerta : je reſpecte, dis-je au Vieil-lard, les deſſeins inſcrutables de l'Etre parfait, malgré les défauts d'un ouvrage où l'on voit briller encore l'empreinte de ſa ſageſſe & de ſa puiſſance Je conçois même qu'il ne ſeroit pas infini, ſi nous pouvions ſaiſir l'accord & l'immenſité de ſes vues & de ſes moyens. Mais quelle idée puis-je avoir de ſa juſtice ? M'auroit-il donné le jour pour me perdre ? Mon ame n'eſt elle immortelle que pour voir éter-niſer ſon ſupplice ?

Cette penfée eft un blafphême, reprit
Méfophée avec fang froid ; je le répète
encore, Dieu exifte, & le mal eft fur la
terre; or, aimez-vous mieux voir immédiatement fortir des mains de votre Créateur, des hommes pervers & malheureux,
que de penfer avec nous, que Dieu les
ayant créés pour la juftice & pour le bonheur, ils étoient libres de perfévérer dans
le bien ou de commettre le mal; & que
l'abus qu'ils ont fait de leur liberté eft l'u-
nique caufe de leurs maux ? Enfin, de
quelque maniére qu'on tourne la difficulté,
toujours elle retombera dans cette alterna-
tive, qui certainement n'en eft point une,
pour un efprit raifonnable.

— Je me taifois.

Que j'aime à voir, ajouta-t-il, votre
raifon abattue fous des myftères infépara-
bles de la nature, forcée de reconnoître
dans l'ordre des chofes une fource incon-
nue de notre perverfité & de nos maux,
convenir avec Pafcal, ,, que fi notre re-

„ ligion eſt en effet incompréhenſible,
„ elle explique du moins un monde plus
„ inconcevable qu'elle."

— Je crois, oui je crois vivement ſentir
que l'homme eſt libre ; & je ne ſens que
trop par malheur qu'il eſt pourtant incliné
vers le mal ; ces deux vérités de conſcience
me paroiſſent égàlement certaines.

Mais quelle que ſoit la cauſe de ce terrible phénomène, un Dieu tout-puiſſant
n'auroit-il pas dû le prévenir ?

Ne perdons pas de vue nos principes,
me dit le Vieillard ; ſavez-vous bien que
nous ſommes preſque d'accord ? Car prenez garde que vous diſputez contre vous-
même ; en effet, s'il exiſte, ſelon vous,
dans toutes les hypothèſes, des crimes &
des malheurs inexplicables, & que d'une
autre part, vous prétendiez que Dieu a dû
néceſſairement prévenir le mal qui eſt ſur
la terre ; l'exiſtence d'un ſeul méchant,
celle d'un ſeul malheureux, ſeroit encore

inexplicable : je dis plus, quand on dé-
montreroit que tous les hommes feront
heureux & juftes après cette vie, vous de-
vriez, dans vos principes, reprocher encore au Créateur les vices & les douleurs
qui affligent les hommes fur la terre.

— Je convins que tous les fyftêmes nous
préfentoient les mêmes difficultés, & qu'on
ne pouvoit, en croyant un Dieu, accufer
cependant fa fageffe infinie, que d'ailleurs
ne pouvant jamais rien faire qui contredit
fes divins attributs, il ne pouvoit vouloir
le mal.

Donc, répliqua encore le Vieillard,
Dieu n'a point conduit fes créatures dans
un piége inévitable ; non, il n'a pu leur
donner de coupables penchans, il n'a point
arrêté, dans le premier deffein de la création, qu'elles feroient injuftes & miférables.
L'homme n'eft donc devenu malheureux
qu'en abufant de fa liberté ; né libre, il pût
commettre le mal ; mais créé à l'image
d'un Dieu, fes vertus défigurées ne purent

être anéanties. Une voix qu'on entend
dans soi-même, effraye les passions; l'homme
affoibli, mais encore libre, peut suivre ou
braver sa conscience, il entend malgré lui
ce moniteur secret, s'il résiste; il aggrave
son crime & l'éternise autant qu'il peut;
s'il écoute & obéit, il est juste & pardonné. Hélas! le remord est le cri plaintif
d'une vertu qui meurt; il semble que Dieu
laisse entrevoir à l'ame attendrie & effrayée,
sa justice & sa bonté. Aussi, n'est-il aucune
religion qui nous affranchisse de ces loix
intimes, de ces régles de morale que nous
portons au-dedans de nous-mêmes, & s'il
falloit reconnoître une espece de culte
forcé, auquel Dieu voulût assujettir tous
les hommes; ce seroit dans nos cœurs qu'il
faudroit chercher ce culte indestructible;
& de là, ces combats secrets que nous li-
vrons tous les jours à cette justice intérieur qui nous réveille sans cesse.

Il me semble, dit un neveu de Méso-
phé, que sans nos vices & notre philosophie moderne, nous serions communément

d'affez bons philofophes; le fentiment & la raifon fe prêtent des forces mutuelles; la raifon a fes principes; le cœur, fes axiomes.

Cela eft vrai, lui dis-je, mais encore une fois, je ne m'accoutume point à voir le vice, la mort & la douleur s'emparer fubitement d'un monde où le mal n'étoit pas, & cela, en préfence de l'Etre bon & puiffant qui le conferve & le foutient.

J'avouai toutefois, aprés un moment de réflexion, qu'à l'égard des douleurs phyques, elles pouvoient dépendre, jufqu'à un certain point, de notre conftitution naturelle; car la douleur, dis-je au Viellard, nous avertit, comme l'obferve très-bien Mallebranche, des périls que nous courons fans ceffe; l'ennui & la fatiété nous rendent plus modérés. Cependant, malgré toutes ces raifons fpécieufes, il me femble que la difficulté refte encore dans tout fon entier; car je fuppofe que la douleur & les maux phyfiques foient néceffaires pour éviter des maux plus grands; il s'enfuivra toujours que Dieu n'aura fait tout au plus qu'un ouvrage, en partie bon, & en partie mauvais. Si cet Etre, fi fage & fi bon, jouit en même-tems de la toute-puiffance, il auroit dû agir de telle maniere que le mal n'eut pas été une conféquence néceffaire de fes productions, parce que le mal eft toujours mal en foi, & doit être évité, foit qu'il arrive par accident ou par deffein; car la fageffe de Dieu a dû prévoir tous les accidens.

En attendant, me répliqua Méfophée, que je réponde à votre difficulté, trouvez bon que je vous faffe obferver que votre objection fuppofe ce que vous venez d'infirmer vous-même; puifqu'il n'eft pas certain, felon vous, que nous puiffions, dans l'état d'une nature corrompue, goûter les plaifirs dont nous jouiffons, fans être fujets à des fenfations de douleur; mais ajouta-t-il, brifons la difficulté: ces défordres paffagers deviennent un bien dans l'ordre des

D 4

chofes morales, auquel le monde phyfique doit être fubordonné ; ils doivent difparoître devant la divine moralité du grand Auteur de la nature, occupé de la gloire de fa juftice & de l'unique bonheur qui puiffe contenter des efprits nés pour le connoître : ce qui nous paroît fi réel & fi grand, n'eft fans doute à fes yeux qu'un phantôme & une ombre répandue fur la terre.

La nature nous annonce tous les jours ce qu'il nous importe de favoir; elle nous fait preffentir que le monde finira, parce que nos crimes, en le fouillant, l'ont livré à la douleur & à la mort; les incendies, les tremblemens de terre, les cataftrophes du monde phyfique & celles du monde moral, tout nous rappelle que rien n'eft ftable fur ce globe fragile. Hélas! en voyant la mort parcourir l'Univers, fous des formes différentes & terribles, ne femble-t-il pas que les maux qui nous environnent, font moins faits peut-être pour punir le méchant & pour éprouver le jufte, que

pour perpétuer à ſes yeux une image ſa-
lutaire de ſa dépendance & de ſa fin; peut-
être que dans ſon immuable vérité, Dieu
ne conſidére que l'importance de ces choſes qui doivent toujours être. Peut-être il
n'agit qu'en raiſon des grandes vérités qu'il
à ſemées dans les cœurs & de celles qu'il
nous fit annoncer; tout concourt à réaliſer
ſa parole.

D'ailleurs, m'ajouta-t-il, la douleur &
les maladies ne ſont-elles pas inſéparables
d'un monde corrompu? Il eſt certain que
ſi des créatures innocentes pouvoient vivre
dans un monde mortel, elles euſſent été
ſuffiſamment averties de ce qu'elles devoient craindre ou éviter par une ſimple
vue de l'eſprit. Or, par la raiſon des con-
traires, dans l'état violent du cœur de
l'homme, il étoit néceſſaire que le ſentiment de la douleur l'éloignât en mille circonſtances des périls qui l'environnent;
mais le plus grand de ſes maux, le ſeul mal
réel qui eſt la ſource de tous les autres,

c'eſt l'extrême corruption de ſon eſprit &
de ſon cœur, & vous ſavez que le mal moral, qui a produit le mal phyſique, n'eſt
point ſorti comme nous en ſommes convenus, d'un Etre auſſi juſte que bon.

Mais je veux bien, m'ajouta le Vieillard, renoncer moi-même à la force de
mes preuves; revenons à notre premier
raiſonnement; le monde tel qu'il eſt aujourd'hui, vous ſemble peu digne de la ſageſſe & de la bonté dont il eſt pourtant
l'ouvrage; tâchez donc de vous former
une idée plus-ſatisfaiſante d'un monde qui
ſeroit réellement meilleur, & puiſqu'il
vous déplait tel qu'il eſt, dites-moi comment vous voudriez qu'il fût: eſſayez de
créer dans votre imagination un monde
plus parfait, car il eſt difficile de s'arrêter
à l'idée du mal, ſans avoir celle du mieux,
ou bien on parleroit ſans penſer à ce que
l'on dit.

Je ſuppliai vivement Méſophée de me
diſpenſer de bâtir un roman, tandis que
nous cherchions une vérité.

On y touche quelquefois, me répondra-
il, alors qu'on s'en croit le plus éloigné ;
donnez l'effor à votre imagination : en un
mot, qu'eufliez vous fait à la place du
Créateur ?

Il me femble, répondis-je , qu'en con-
ciliant nos intérêts avec ceux de cette fu-
préme fageffe qui doit agir tout à la fois
pour fes enfans & pour elle-même, j'aurois
voulu que les hommes naturellement bons
& heureux n'euffent point éprouvé l'indigence & la douleur; orné des plus rares
facultés, l'efprit humain auroit connu, fans
étude, tout ce qu'il devoit favoir & connoître; les habitans d'une même terre,
également juftes & fortunés, auroient vécu fans paffions & fans vices; nés dans l'a-
bondance des bien communs à tous, à
l'abri des motifs & des intérêts qui les
divifent, ils euffent ignoré jufqu'au nom
du crime. Cependant les perfections du
monde fenfible euffent répondu, comme
vous pouvez l'imaginer, à celles du monde

moral ; la terre auroit prodigué fes tréfors à fes heureux habitans, fans que les travaux du corps ni les peines de l'efprit troublaffent leurs innocens plaifirs. Un ciel fans nuages, des mers fans tempêtes, un printems éternel, ou des faifons variées, feulement pour diverfifier les délices de la vie ; tel devoit être un monde créé par la fageffe & la bienfaifance.

Mais enfin, interrompit le Vieillard, fans doute qu'une créature intelligente & libre, eût rendu des hommages à l'auteur de fes jours?

Son culte, répondis-je, eût été doux & facile, fondé fur la reconnoiffance & foutenu par l'amour ; les devoirs de l'homme fe feroient bornés à célébrer, par un culte intérieur & public, les perfeétions de l'Etre créateur, à lui offrir fa volonté, à reconnoître fa dépendance & à chérir fes femblables ; l'ingratitude envers fon bienfaiteur eût été le crime le plus odieux.

Divine vérité ! s'écria tout à coup le Vieillard, en versant des larmes de joie ; que ta force est puissante, tes traits ineffaçables ne demandent qu'à se ranimer ! Nous adorions le même Dieu, nous avions les mêmes idées d'un premier univers.....

A cette exclamation, je commençois à m'étonner de moi-même.....

Oui, continua le Vieillard, vous venez de peindre ce premier ouvrage d'un Dieu, tel qu'il fut au sortir de ses mains ; en vous écoutant, je croyois entendre le récit de l'historien sacré : quand vous traciez la douce image de la nature innocente, je croyois voir l'homme créé dans les jardins d'Eden : ce paisible état, que vous jugez si conforme aux vues d'une bonté juste, qui peut tout ce qu'elle veut & qui veut ce qui ne répugne point à l'essence des choses & à la sienne, ce fut en effet celui de la premiere nature. L'homme, comme vous l'avez très-bien remarqué, ne pouvoit alors offenser son maître que par son

ingratitude, ce qui pourtant n'eſt guère
concevable; mais enfin s'il étoit libre, il
pouvoit corrompre ou perfectionner ſes
facultés naturelles. Eh! que nous importe
quelle fut l'eſpèce du délit, puiſque les
premiers hommes pouvoient devenir cri-
minels ou reſter innocens; il falloit bien
que leur juge & leur pere eût trouvé les
moyens d'éprouver leur fidélité; mais ſi
l'homme étoit heureux parce qu'il étoit
ſoumis & reconnoiſſant, ſeriez-vous étonné
de l'avoir vu malheureux, lorſqu'il devint
rébele? Si la paix d'une conſcience pure
eſt un bien ineſtimable; une conſcience
ſouillée ne devoit-elle pas produire un déluge de maux? En conſidérant un monde
d'abord excellent, enſuite miſérable & dégradé, diſputerez-vous toujours ſur le plus
ou le moins? Vous ſouhaitiez que le Créateur, en formant le monde, en eût banni
la peine & la douleur; c'eſt ce qu'il a fait;
vous voudriez que cet ordre admirable ne
ſe fût jamais altéré; mais cet immuable &
fortuné ſéjour ne peut être habité que par

la juftice & non par une nature corrompue
& dégradée. On ne veut voir dans Dieu
que fa bonté, mais il eft jufte ce Dieu; &
parce qu'on abhorre fa juftice, on voudroit
pouvoir l'anéantir. Oui, fans doute, il peut
créer encore un monde, où l'homme foit
exempt de peine & de douleur: mais ce
règne nouveau doit éclater dans ces lieux
où fa magnificence & fa juftice divine
s'exerceront dans toute leur étendue. J'entrevois ce nouvel ordre de chofes dans les
tems qui nous font fi fouvent annoncés;
j'y vois pour la vertu une immortalité fans
douleur, & pour le crime, une douleur
éternelle.

Ces paroles répandirent la confolation
dans mon cœur; j'étois étonné cependant
que tandis que Dieu éclairoit les hommes
par les lumieres de la raifon, il fe voilât
lui-même: pourquoi, dis-je à Méfophéc,
la Divinité ne fe manifefte-t-elle pas à nos
yeux? Sa préfence redoutable contiendroit
les méchans, & le crime ne s'éleveroit plus

entre Dieu & les hommes; ſes créatures contentes & ſoumiſes l'adoreroient ſans ceſſe; il fixeroit dans la vertu nos ames incertaines, & nous ſerions heureux.

Grand Dieu! s'écria le Vieillard, où la ſaine raiſon peut-elle nous conduire? Vous nous traciez tout à l'heure le Paradis terreſtre; maintenant vous nous peignez les Cieux... Les tems de cette manifeſtation ne ſont point encore arrivés. Si la Divinité ſe montroit à nos yeux, les vérités que nous appercevons ſe manifeſteroient à notre eſprit, & le ſubjugueroient néceſſairement. Les attributs de cet Etre infiniment parfait, ſa ſageſſe, ſa bonté, ſa puiſſance, ſa ſainteté pénêtreroient nos ames toutes enſemble; & le connoiſſant ſi bien, ſeroient-elles libres de ne pas l'aimer? Mais l'hommage de notre eſprit & de notre cœur, n'étant plus libre, il ſeroit ſans mérite; les vertus ſeroient anéanties dans l'homme; plus de foi, puiſque nous

verrions si clairement qu'il ne nous seroit
plus possible de douter. Plus d'espérance,
puisque sans cesse contemplant la Divinité,
la terre deviendroit un Ciel où nous n'aurions plus rien à desirer; l'amour seul re-
steroit, mais cet amour. nécessaire dans les
Cieux, doit être le prix & la récompense
d'un amour libre sur la terre.

LES MYSTERES.

JE ne ceffois de faire les réflexions les plus férieufes fur les difcours de Méfophée; je ne pouvois encore découvrir les routes par lefquelles ce refpectable Vieillard vouloit me conduire à la vérité. Néanmoins je foumettois ma raifon avec plaifir à ce fage que le Ciel m'avoit fait connoître : j'étois chaque jour plus perfuadé de la vérité de fa religion; mais voulant m'inftruire parfaitement, je lui diffimulois avec d'autant plus de foin ma conviction, qu'il me difoit fouvent lui-même, qu'il n'avoit point encore employé les moyens les plus puiffans pour me convaincre.

L'objet qui excitoit le plus mes defirs, c'étoit d'approfondir les preuves de la révélation; en effet, une fois convaincu qu'elle eft émanée de la Divinité, je concluois qu'elle devoit régir tout l'Univers.

Dès que nos affemblées s'ouvrirent, je me hâtai de témoigner l'empreffement d'être éclairé fur cet objet important.

Ce n'eft point ici, me répondit le Vieillard, le moment de vous expofer les preuves du chriftianifme; permettez-nous de fuivre le plan que nous nous fommes tracé; il eft même effentiel de faire paffer devant vos yeux des objets importans, avant de vous donner les preuves que vous demandez: votre efprit fera bien plus porté à fe livrer à une exacte difcuffion des preuves de la révélation, fi je puis vous convaincre auparavant que la religion ne renferme dans fes plus grands myftères aucune propofition abfurde & véritablement oppofée à une faine raifon. Tels doivent être les myftères les plus inconcevables d'une religion avouée du Ciel; non feulement on ne doit y découvrir rien de vraiment contradictoire, mais nous devons en même-tems appercevoir pourquoi nous ne pouvons les comprendre d'une maniere claire & diftincte.

Ne faudroit-il pas, en effet, que l'efprit humain embraffât l'immenfité des
perfections divines, pour qu'il pût en fonder les profondeurs : les puiffances mêmes
du Ciel profternées, révérent dans le filence les abîmes impénétrables de la Divinité , & la foi vive d'un Chrétien ne
préfente d'autre image à nos yeux que
l'efprit de l'homme, incliné devant l'efprit fuprême.

Le monde phyfique & la nature font
des emblêmes qui nous repréfentent des
traits de la Divinité : frappés par la lumiére, nous admirons fon exiftence ; nous
ne voyons que par elle, fans pouvoir jamais connoître fa nature ni la comprendre [1].

J'ai fouvent entendu dire que fans les
myftères, on croiroit à la religion ; je penfe

---

(1) Le Poète Young dit fort fenfément : tout
eft myftère autour de nous ; fouffrons que Dieu
en foit un lui-même.

bien différemment, car je ne pourrois croire à une religion qui n'en auroit pas, la raifon en eft fenfible. Les myftères fupprimés, Dieu ne s'y trouveroit plus, & & Dieu abfent de fa religion, elle cefferoit d'être divine. D'ailleurs, fi notre efprit affujetti à la matière ne peut appercevoir un efprit, ni connoître fa véritable nature ; que placerons-nous entre l'homme & cet efprit invifible, fi ce n'eft un myftère ?

Une religion fans myftères feroit néceffairement fauffe, puifque la religion de l'homme fuppofe des rapports entre la créature & fon Créateur, entre le fini & l'infini : ainfi, cette religion doit être en partie concevable, & en partie inconcevable, fpirituelle & fenfible, naturelle & furnaturelle tout enfemble. Faites attention qu'une religion femblable eft bien conforme a notre raifon ; elle nous paroîtra encore plus vraie, quand nous confidérerons que la partie myftérieufe que nous ne pouvons concevoir, fe trouve néceffaire

ment inféparable de celle que notre cœur
réclame & que notre efprit conçoit. Je
fuis même incliné à croire, que les grands
myfteres du chriftianifme atteftent la préfence de Dieu fur la terre ; & j'oferois
dire, peut-être, que le myftére eft Dieu
même. En effet, que la perfonne du grand
Légiflateur difparoiffe de notre religion,
elle n'aura plus fes myftères, nous n'y verrons que les dogmes de la loi des Juifs, &
les commandemens de la religion naturelle,
qui fe réduifent *à aimer fon Créateur par
deffus tout , & fon prochain comme foi-même.*

La loi des Juifs ne connoiffoit aucun de
nos grands myftéres ; pourquoi? C'eft que
Dieu n'étoit point encore defcendu parmi
les hommes. Quoique le plus grand nombre
des phénomênes de la nature foient autant
de myftères à nos yeux, ils deviennent cependant pour nous des faits fenfibles , que
nous ne pouvons révoquer en doute ; nous
en voyons les effets; ce ne font que les
caufes qui échappent à notre foible entendement. Au contraire, les myftères du

chriſtianiſme, non-ſeulement ſont inconcevables, mais nous n'en voyons ni les effets ni les cauſes; pourquoi? C'eſt que Dieu
s'y trouve, & que les hommes ne peuvent
le voir.

— Vous me faites comprendre à merveille que les myſtéres ſont néceſſaires dans
une religion divine; mais cette néceſſité ne
prouve pas la poſſibilité de ceux du chriſtianiſme. Comment la raiſon peut-elle ſe
repréſenter un Dieu homme, ſujet à la
mort, ſans ceſſer d'être Dieu? Sera-t-il
plus facile d'imaginer trois perſonnes très-
diſtinctes entre-elles, qui ne forment cependant qu'une ſeule & même nature?

Eh! bien, me dit Méſophée, vous voulez donc que je vous faſſe entrevoir la poſſibilité de ces deux grands myſtères? J'y
conſens. Vous n'ignorez pas que dans une
diſcuſſion ſemblable, une métaphyſique
difficile & preſque toujours abſtraite, eſt
le ſeul langage dont on puiſſe ſe ſervir, &
il me ſemble qu'il doit être employé rare-

ment dans des difcours comme les nôtres ; mais puifque vous le defirez, j'entreprends d'approfondir ces grandes vérités, qui font la bafe de la religion & de la foi ; je veux même vous faire convenir que l'homme porte en lui-même l'emblême de nos plus grands myftères.

Choififfons, puifque vous l'indiquez vous-même, le myftère de l'Incarnation : un Dieu fait homme, fujet à la mort, fans ceffer d'être Dieu　Il m'a paru que de tous nos myftères, c'eft celui qui vous révolte le plus ; mais dites-moi, votre efprit, uni à une maffe de chair, ne forme-t-il pas une véritable incarnation ? Cet efprit, créé à la reffemblance de l'efprit fuprême, n'eft-il pas uni à un corps ? Et cette union ue forme-t-elle pas l'humanité ? Si Dieu a pu unir votre efprit à une matière charnelle, pourquoi l'efprit de Dieu n'aura-t-il pu s'incarner lui-même ?

Notre ame, fpirituelle & immortelle par fa nature, fe trouve unie à un corps

cor-

corruptible & fujet à la mort. L'homme
eft donc tout à la fois efprit & corps, immortel & mortel, intelligence & matière.

Pourquoi feroit-il impoffible que l'efprit
Créateur fe fût fait homme en s'uniffant à
l'humanité par fon opération toute puif-
fante dans le fein d'une Vierge? Il feroit
donc alors, vrai Dieu & vrai homme.

Notre corps corruptible meurt.

La Divinité unie à l'humanité réfide
dans un corps fujet à la douleur & à la mort.

A la diffolution des corps, notre efprit
créé immortel, refte indeftructible.

L'efprit du Créateur refte Dieu.

— Je vous avoue que je n'aurois jamais
imaginé que pour me donner une fimilitude
& une idée de l'*Incarnation*, vous euffiez
employé un myftère de plus.

C'étoit précifément mon deffein, me
répondit Méfophée, fouffrez que je vous
faffe une queftion qui n'eft pas indifférente.

Cette union de votre efprit à un corps,
en un mot, votre propre *Incarnation*, eft
fans doute incompréhenfible à votre raifon? Je vous prie de me dire fi vous con-
cluez de-là, que vous n'exiftez pas? Et
puifque vous ne pouvez douter de ce myftère qui vous eft propre, pourquoi feroit-il
raifonnable de réputer comme impoffible
ou abfurde, un myftère du même genre
& de même nature qui regarde la Divinité? Et cela, parce que vous ne pouvez
concevoir l'union de l'humanité avec un
Etre infiniment au-deffus de vous.

Vos raifonnemens, lui dis-je, me paroiffent perfuafifs, mais vous ne pouvez
difconvenir qu'en vertu de l'union de notre
corps avec notre efprit, les difpofitions de
l'un influent fur les difpofitions de l'autre, & que ces deux fubftances fe trouvent dans une mutuelle dépendance; ce
principe inconteftable une fois établi, les
befoins & les affections de l'humanité doivent faire des impreffions fur la Divinité,
à laquelle elle eft unie, & par là même,

Dieu devenant paſſible & ſujet aux affections du corps, ne ceſſeroit-il pas d'être
Dieu?

Vous vous égarez, mon cher Baron,
répliqua Méſophée en ſouriant; ne voyez-
vous pas que la comparaiſon entre l'homme
& Dieu ne peut ſe conſidérer que ſous de
certains rapports; l'union de notre eſprit
avec notre corps établit entre eux des aſſu-
jettiſſemens & une correſpondance récipro-
que, parce que notre ame eſt ſuſceptible
de cette dépendance; mais l'eſprit ſuprême
ne peut s'unir à ſa créature que d'une
maniere conforme à la perfection de ſon
Etre, ſouverainement indépendant & toujours immuable; par ſa nature, il ſe communique à tous les êtres inanimés, en leur
donnant à tous, leur véritable maniere
d'être; il ſe communique aux eſprits,
comme leur lumiere & leur vie; il ſe
communique à ſes différens ſaints par la
communication plus ou moins vive de ſon
eſſence, & il s'eſt communiqué à l'humanité ſainte du Sauveur des hommes, par

une union fi fpéciale & fi intime, que l'homme ne fait qu'une feule & même perfonne avec la Divinité; mais toujours fans rien perdre de ce qu'il eft, donnant tout à l'humanité fans rien recevoir d'elle, femblable à l'aftre du jour qui fe communique à tous les points de la vafte fphère qui l'environne, la féconde, l'éclaire, fans rien contracter de la nature de corps qu'il pénètre par fa lumiere.

— Je conviens que l'effence des chofes, & furtout la nature myftérieufe de l'Etre incompréhenfible, étoient même au-deffus de la portée des pures intelligences, & qu'elles doivent être encore plus inconcevables à un efprit uni à la matiere.

Que favons nous, dit Mefophée; fi Dieu, après la chûte des efprits rébelles, n'a pas voulu humilier cette même nature d'efprit qu'il a tranfmis à l'homme, en l'affujettiffant à la matière, pour qu'il pût mieux fentir dans cet abaiffement fa dependance & fa foibleffe? Mais fi l'intervalle qui fe trouve entre Dieu & l'homme nous empêche d'atteindre jufqu'à la Divinité, le flambeau de la foi nous en fait approcher & nous conduit jufqu'au voile du fanctuaire; la, réfide la Divinité: „ Nul „ homme ne l'a vu, ni l'a pu voir, & ce„ lui qui voudra pénétrer dans la Majefté, „ fera accablé par la gloire."

Que répondoit Job à la voix qui lui de-mandoit: „ Où étiez-vous, quand je jet„ tois les fondemens de la terre? Savez-„ vous qui en a réglé les mefures & qui a „ tendu fur elle le niveau? Dites-moi où „ habite la lumiere, fi vous en connoiffez „ les chemins & les routes?"

Que prétendent donc, s'écria le Vieillard, ces efprits fuperbes & foibles, eux qui font forcés de reconnoître & de révé„ rer les myftères de la nature, eux qui ne peuvent comprendre l'effence des corps qui les environnent, la propagation des êtres (1), les développemens de la lumiere,

[1] M. de Malézieu a vu, au microfcope, des animaux vingt-fept millions de fois plus pe-

le feu électrique? Quoi! ils croiront à tous les myſtères renfermés dans la nature, & ils ne croiront pas à ceux qui ſont renfermés dans l'eſſence de ſon auteur?

— J'avoue que je ſuis auſſi révolté que vous, d'une pareille inconſéquence; mais que penſez-vous du myſtère de la Trinité? Quand je vivois avec vos prétendus ſages, & ſurtout avec vos jeunes Philoſophes, je ne ceſſois de leur entendre dire avec un rire moqueur: imaginera-t-on que Dieu, qui eſt le principe de la vérité, ait pu propoſer à des hommes, que *trois* ne font *qu'un*?

L'eſprit humain, répondit le Vieillard avec une eſpèce d'indignation, ne ceſſera-t-il d'outrager ſa propre raiſon en défigu-

---

tits qu'une mitte. M. Lewenhoeck dit qu'il en a trouvés dans un vaſe plus que la terre ne peut porter d'hommes; il eſtime que mille millions des corps mouvans que l'on découvre dans l'eau commune, ne ſont pas ſi gros qu'un grain de ſable ordinaire.

rant toujours les vérités les plus effentielles!
Sans doute il feroit abfurde de foutenir que
trois ne font *qu'un*, tel feroit le myftère de
la Trinité, fi l'on nous propofoit de croire
que le Pere, le Fils & le Saint-Efprit font
trois perfonnes diftinctes , & que toutes
trois ne font qu'une même & feule perfonne; mais ce myftère eft tout a fait contraire à cette propofition déraifonnable.

Les trois perfonnes font très-diftinctes,
elles ne font qu'une feule & même nature,
& non pas une feule & même perfonne.
De l'intervalle infini qui fe trouve entre
Dieu & moi, dois-je conclure l'abfurdité
de l'exiftence de Dieu? Par la même raifon, dois-je conclure que les myftères
font abfurdes, parce qu'il y a un intervalle
immenfe entre les myftères & ma raifon?
Pour juger s'il y a de l'abfurdité dans un
dogme, il faut pouvoir comprendre l'objet qu'on nous propofe de croire, fi je
ne le comprends pas, je ne fuis pas fondé à dire qu'il eft abfurde, car pour l'af-

firmer tel, il faudroit qu'en comprenant
l'objet propofé, je puffe juger s'il n'eft
pas contraire à une autre vérité qui m'eft
parfaitement connue. J'affirme qu'il eft
abfurde que *trois* ne faffent *qu'un*, parce
que mon efprit eft frappé par l'oppofition
fubite d'une vérité contraire qui me dit,
que trois unités font trois unités : mais
je ne puis dire qu'il répugne à ma raifon, que trois perfonnes très-diftinctes
entr'elles, ne faffent qu'une feule & même
nature, fi je ne vois évidemment que la
nature de ces trois perfonnes ne peut-être
la même; mais pour que je puffe l'affirmer, il faudroit que je conçuffe effentiellement la nature de Dieu.

Mais fans nous engager dans de longues
difcuffions, & pour vous faire entrevoir
en vous-même une efpéce de fimilitude
& d'emblême de ce grand myftere, ,, def-
,, cendez dans la profondeur de votre ame,
,, dans cet intérieur où la vérité vient
,, pour ainfi dire fe graver, vous y en-

„ treverrez une image de ce myſtère ſi
„ incompréhenſible ; la penſée qui naît en
„ vous, ce germe de votre eſprit qui eſt
„ enfanté par votre entendement (1), vous
„ préſente une foible idée du fils de Dieu,
„ conçu éternellement dans l'intelligence
„ divine ; auſſi le fils de Dieu prend-il le
„ nom de *Verbe*, pour nous faire com-
„ prendre qu'il naît dans le ſein du Pere
„ (non comme les corps naiſſent les uns
„ des autres) ; mais comme naît dans notre
„ ame cette parole, ce *Verbe* intérieur que
„ nous y ſentons, quand nous contem-
„ plons la vérité dans l'intérieur de notre
„ ame. [2]"

Examinons la manière dont un Prélat
de nos jours (3) développe cette grande

---

(1) On peut l'appeller le Fils de notre
Intelligence.

(2) Ces paroles ſont de Boſſuet.

(3) L'Evêque de Boulogne.

Il a écrit ſur tous nos myſtères avec la plus
grande profondeur, & y a répandu de vives lu-

idée : „ De même que Dieu le Pere con-
„ çoit son *Verbe*, c'est-à-dire sa parole ou
„ sa pensée éternelle, & qu'il produit avec
„ elle l'amour éternel qui les unit ; de
„ même notre ame sent naître en elle sa
„ pensée, comme le germe de son enten-
„ dement, & fait sortir de sa volonté sa
„ pensée & l'amour de son être ; ainsi,
„ voilà donc trois choses dans notre ame,
„ l'*être*, la *pensée* & l'*amour*, & tout cela
„ cependant, n'a qu'une même vie, qu'un
„ même principe, qu'une même existence.

„ Si je ne comprenois, ne voulois &
„ n'aimois qu'une unique chose, n'ayant
„ qu'un seul Etre, je n'aurois aussi qu'une

---

mieres, il expose, avec toute la force possible,
toutes les objections qui ont été faites par les
incrédules & particulièrement par Bayle, &c.,
&c., &c., & les solutions qu'il en donne, ne
laissent rien à désirer ; on ne peut trop admirer
l'abondance de ses preuves dans tous les genres.

Voyez son ouvrage sur les mystères, impri-
mé à Boulogne en 1772.

„ feule connoiffance, une feule volonté,
„ un feul amour. Cependant ces trois
„ chofes n'en feroient pas moins diftin-
„ gués entr'elles, & ne formeroient qu'une
„ feule fubftance ; il fe trouveroit en moi
„ l'être produifant la connoiffance, la con-
„ noiffance produite, & l'amour produit
„ & par l'un & par l'autre.

„ D'après ce principe, fuppofez une
„ nature éternelle & immuable ; fa con-
„ noiffance, fa volonté & l'amour d'elle-
„ même, feroient quelque chofe d'éter-
„ nel, d'immuable : Cette hypothèfe fe
„ réalife en Dieu ; telle eft fa nature ; éter-
„ nellement il fe contemple, il fe connoît,
„ il s'aime. Ainfi, dans ces trois opérations
„ diftinctes, il conferve toujours l'unité
„ de fon être, un feul & même principe
„ de vie, d'intelligence & d'amour ; il eft
„ en lui unité de fubftance, avec trinité de
„ perfonnes, dont l'une engendre toujours,
„ l'autre toujours engendrée, l'autre tou-
„ jours produite, fans commencement,
„ fans fin, & toujours immuable."

E 6

J'entrevois à merveille, dis-je au Vieillard, le réfultat de cette grande idée; mais
certainement l'on ne me perfuadera jamais
que ma penfée, ma volonté, & l'amour
de moi-même, puiffent être trois perfonnes réellement diftinctes dans ma feule
fubftance.

Je le crois bien, me dit Méfophée, en
riant; fi cela étoit ainfi, vous feriez Dieu
même; mais obfervez que dans la Divinité, il n'y a rien d'accidentel comme dans
l'homme; tout y eft néceffaire. La penfée
ou le *Verbe* que l'Eternel produit en fe
contemplant; eft une penfé inféparable de
la fubftance divine, c'eft une connoiffance
effentielle, infinie, auffi parfaite que le
principe qui l'a produite, un tout auffi
complet que lui; en un mot, *un être à foi*,
& par conféquent une perfonne.

Eft-il étonnant que l'efprit captivé ne
puiffe, du milieu de fes fers, s'élancer
dans les Cieux, pour y contempler, dans

le raviſſement, cette intelligence ſuprême,
d'où eſt ſorti & d'où ſort continuellement
le Verbe de Dieu, comme la lumiere ſort
du Soleil! Ou plutôt ſemblable à la nature
du feu, comme une lumiere éclatante qui
communique ſubitement ſa flamme au
flambeau qu'elle allume, il brule du même
feu, & ſa lumiere eſt produite ſans *dégradation*, diminution, ni partage [1]. Mais
ſi les comparaiſons qui doivent nous conduire à la connoiſſance des objets de la
nature ne ſont que de foibles images, en
peut-il être une, quelque grande qu'elle
ſoit, qui ne dégénère infiniment lorſqu'il
eſt queſtion de nous approcher de l'eſſence
de la Divinité? Notre eſprit peut bien
nous élever juſqu'à une certaine connoiſſance de Dieu; nous pouvons même entrevoir de ſublimes rapports entre le Créateur
& ſa créature; mais l'homme, dans le
tems, ne connoîtra jamais l'eſſence de la

─────────────────────

(1) Cette comparaiſon eſt de Saint Juſtin

Divinité : la finit fa raifon, & commence fa foi.

Il ne fuffit donc pas, m'ajouta Méfophée, de nous objecter que nos Myftères font inconcevables ; il faut prouver qu'ils font contradictoires ; & c'eft cette preuve que n'ont pu nous fournir encore ceux qui les ont attaqués dans tous les fiécles ; & affurément on ne foupçonnera jamais nos infatigables adverfaires d'indolence , & quelques-uns d'entr'eux de défaut de fagacité ; la répugnance même qu'éprouve la raifon humaine à fe foumettre aux myftères de la foi, eft une des plus fortes preuves de leur révélation ; plus ils paroiffent révoltans, moins il eft croyable qu'on les ait perfuadés à tant de nations, & qu'ils aient triomphé de tant d'efprits différens , malgré les efforts inouis des perfécuteurs & la puiffance des Maîtres de l'Univers, qui youloient les détruire.

Le Vieillard, en fe levant, mit fin à notre féance : différons, me dit-il, notre premiere affemblée de cinq ou fix jours ; ce délai eft néceffaire, moins pour le repos de votre efprit, que pour vous donner le tems d'approfondir la matière importante que nous venons de traiter.

LA RELIGION
DU VIEILLARD.

ENfin voici le moment, nous dit Méfophée, où il faut ofer fonder les profondeurs du chriftianifme; avant de vous faire
entrer dans les routes où je vais vous conduire, j'ai penfé qu'il étoit effentiel de
difcuter plufieurs queftions difficiles; en
effet, celles que nous venons de traiter
renferment des difficultés & des objections, plus ou moins infidieufes, qu'il étoit
néceffaire de détruire dans votre efprit;
fans cette précaution, vous m'euffiez arrêté
par une foule d'hypothéfes, de doutes &
par mille fauffes fubtilités, confignées
comme des vérités fondamentales dans les
livres de vos Philofophes. Forcés de céder
à chaque inftant à la difcuffion du détail,
nous euffions infenfiblement perdu de vue
l'enfemble du tableau, & le fil de nos idées

eût été fans celfe interrompu. Ce premier objet rempli, il eft néceffaire de remonter à l'origine des chofes, & de confidérer la nature de l'homme & les divers événemens qui les concernent; vous verrez reparoître la plûpart des vérités particulières qui vous ont été expofées; elles recevront encore un nouveau développement d'autant plus fenfible, que vous les verrez, pour ainfi dire, mifes en œuvre & en action; car j'obferve, depuis longtems, que les vérités ifolées & confidérées féparément font au grand œuvre de la religion, ce que les caracteres & les lettres typographiques font à des ouvrages imprimés; cette foule de vérités réunies & placées où elles doivent être, fuffiroient, fi je puis m'exprimer ainfi, pour former l'enfemble de tous les livres du Ciel.

Les bornes que je me fuis prefcrites, me permettent peu de détails. Nous poferons des principes certains; je laiffe à la fagacité de votre efprit, le foin de les développer:

cette grande efquiffe reſtera dans vos mains; elle fera le fujet de nos entretiens de tous les jours, & je defire que ce foit vous même qui faffiez a loifir le développement de fes parties les plus effentielles; mais fou‑venez‑vous que je vous ai promis de n'in‑voquer que les lumieres de votre raifon.

Vous croyez a un Créateur? Dès‑lors vous penfez que l'homme eſt forti de fes mains.

L'excellence du Créateur fuppofoit fa créature néceffairement douée d'éminentes vertus; fon efprit ne connoiffoit que fon maître; dans ce premier état, le mal ne pouvoit exifter; l'homme dût jouir de la félicité attachée à fon innocence & à fa na‑ture primitive. Mais étoit‑il libre de reſter ou de fortir de cet état de gloire & de bonheur? Hélas! fi l'homme eût été créé immuable dans le bien, nous y ferions en‑core; cependant notre nature eſt vicieufe, dégradée: l'homme étoit donc libre, car Dieu n'a pu le précipiter lui‑même dans le mal?

Mais comment a-t-il pu se dégrader? Certainement ce ne peut être que par l'inobservance d'une loi qui lui fût donnée par son Créateur; car s'il n'eût existé une loi qu'il pût enfreindre, il n'auroit pû faire le mal, puisqu'il n'en connoissoit aucun. L'homme a donc reçu une loi? S'il l'a reçue, il a pû la garder ou l'enfreindre, car s'il n'eût eu la liberté de l'enfreindre, & qu'il n'eût pas été maître de ses actions & de sa volonté, la loi eût été superflue & inutile : l'homme étoit donc libre & une loi lui fut donnée ?

Quelles dûrent être la nature & l'objet de cette loi? Le motif qui la fit porter, fut, sans doute, d'obtenir de l'homme une marque de dépendance, d'amour & de soumission. Dans ce moment, le défaut d'obéissance & de gratitude, étoit le seul crime dont l'homme pût être capable, puisqu'il ne connoissoit aucun vice; par conséquent le commandement ne pût tomber que sur un ordre dont l'objet en lui-même devoit paroître affez indifférent. Auffi ma raifon applaudit-elle au récit de l'hiftorien facré, qui m'apprend que le premier homme, placé dans un féjour de délices, au millieu d'une multitude innombrable de biens, ne reçut d'autre ordre de fon maître, que celui de lui témoigner fon obéiffance & fa foumiffion, en s'abftenant de manger des fruits d'un feul arbre. Ce commandement étoit doux & facile, mais il renfermoit néanmoins toute la moralité de l'homme & le grand principe de la loi: *Vous aimerois Dieu par deffus tout.*

En effet, fi l'homme n'eût pas défobéi à ce commandement, indifférent en apparence, il eût fait éclater, l'obéiffance, la reconnoiffance & l'amour: mais le commandement, une fois violé, faifoit éclore fur la terre, la rébellion, l'ingratitude & le crime. Je le répète, puifque l'homme ne connoiffoit ni vice ni crime, la défenfe de Dieu ne pouvoit tomber que fur un objet indifférent en lui-même, & lorfque j'entends nos prétendus efprit-forts plaifanter fur un fruit défendu qui a bouleverſé la nature & le monde, je n'apperçois dans leurs dériſions qu'une foibleſſe d'eſprit & une impiété ſtupide. Car ſelon la ſaine raiſon, les choſes ne pouvoient être autrement.

La foi nous apprend que l'homme né dans la juſtice, a tranſgreſſé librement une loi facile à remplir; ſa fidelité eût aſſûré ſon bonheur & le nôtre; ſa faute l'a perdu & avec lui toute la poſtérité.

Sans avoir recours à la révélation, comment prouverons-nous cette chûte ſi mémorable? Hélas! par la dégradation même de notre nature; nous portons dans nos cœurs cette funeſte preuve. Dieu eſt la ſource des perfections; il ne peut être la cauſe de notre dépravation. Le premier homme s'eſt donc dégradé; l'homme coupable vit à l'inſtant rompre les liens qui l'uniſſoient à l'auteur de ſon être: mais il tenoit à l'inflexible juſtice qui le menaçoit du haut des Cieux & qu'il retrouvoit encore dans ſon cœur. Abbattu par la honte, déchiré par les remords, ſes ſens dépravés accablerent ſa raiſon obſcurcie. Le mal moral ſortit du fond de ſa conſcience; le mal phyſique ſortit du mal moral; les peines, les angoiſſes, les maladies & la mort furent le triſte cortége des erreurs & des crimes.

Je conçois, dis-je au Vieillard, que l'homme dût être malheureux, mais ſans le crime qu'il a commis, il eût donc été éternel ſur la terre? Alors il n'y auroit eû pour lui, ni Ciel ni eſpérance?

Votre réflexion eſt très-vrai, me répondit Méſophée; ſans doute, l'homme eût été immortel, c'eſt-à-dire, exempt des atteintes de la douleur, de la corruption & de la mort. Mais je penſe que l'état du premier homme, innocent ou coupable, n'auroit jamais été permanent & éternel; né dans le tems, il devoit en ſortir, car le tems ſuppoſe de changemens & des variétés, & vraiſemblement les corps dés premiers hommes dûrent être pour ainſi

dire fufpendus entre la mort & la vie, ils
devoient fe diffoudre ou fe perfectionner;
c'eft-à-dire, que coupables & dégradés,
leurs corps doivent entrer dans l'éternité
en paffant par le tombeau; mais innocens
& purs, ils devoient peut être fe perfectionner jufqu'à ce qu'ils puffent entrer
enfin dans un autre ordre de chofes, &
s'unir plus intimement au Créateur, dans
ce jour immobile & éternel, qui doit
éclairer cette nouvelle terre & ces nouveaux Cieux, fi fouvent annoncés par les
Prophètes (1). En un mot, quand l'ame
du premier homme fut unie au corps, elle
fut foumife à une loi qu'elle pouvoit obferver ou enfreindre; fans doute cet affem-
blage d'efprit & de matiere, (l'homme),
incertain & flottant entre le bien & le

---

(1) Ce nouvel ordre de chofes eft fans doute
le fruit de la Rédemption; c'eft cependant une
queftion problématique de favoir fi Dieu ne fe
feroit pas incarné indépendamment de la chûte
du premier homme.

mal, ne fe trouvoit point encore dans un état fixe & permanent, il n'étoit pas enfin ce qu'il pouvoit être un jour. Ce qu'il y à de certain, ce que le crime ne pouvoit porter dans l'ame, la crainte, la trifteffe & le remord, fans bleffer les organes du corps; leur harmonie une fois dérangée, devoit s'altérer de plus en plus, & enfin, fe détruire. La mort étoit donc non-feulement inévitable, parce que la juftice d'un Dieu l'avoit ainfi réglé, elle étoit même phyfiquement probable, dès que l'homme fut devenu coupable.

Cependant, dis-je au Vieillard; quelle fut donc la deftiné de l'ame? Vous me faites bien fentir la caufe de douleurs & de la diffolution du corps; mais les douleurs & les peines de l'ame différent des douleurs corporelles.

Obfervez, me dit Méfophée que la continuelle réaction de l'efprit & de la matiére eft telle, que tout ce qui fe paffe

dans

dans l'efprit, affecte aufli le corps plus ou moins diftinctement, & vous concevez bien, m'ajouta-t-il, que les organes de la vie du premier homme ayant perdu ce point de perfection & d'équilibre que Dieu leur avoit donné, la nature qui combat fans ceffe la frêle machine du corps, préparoit tous les jours fa mort & fa diffolution. Enfin, les douleurs phyfiques & les douleurs morales pourfuivoient la deftruction des ames & des corps, felon que l'efprit & la matière pouvoient recevoir les ateintes de la mort; mais la mort de l'ame n'eft que l'anéantiffement de fa juftice & de fon bonheur; elle peut exifter fouffrante, & dans les horreurs d'une agonie continuelle; elle reçoit une efpéce de mort quand elle perd entièrement l'efpérance & la vertu, mais fon bonheur ou fon malheur, font indeftructibles comme elle. Le corps de l'homme pût donc être affujetti à la mort, mais fon efprit étoit immortel; il faut donc confiderer l'homme dans cet état, vis-à-vis de fon Créateur

F

& de lui-même, c'eſt-à-dire, comme mortel & comme immortel.

Quelle fut l'horrible ſituation de cette intelligence ſortie par ſa faute du premier ordre de la nature! Egarée dans l'Univers, en guerre avec Dieu, avec elle-même, ſans pouvoir étouffer le cri de ſa conſcience, & trop foible pour dompter des paſſions dont le poids l'accabloit. Repreſentez-vous un eſprit immortel, renfermé dans un corps que la corruption appeſantit & devore; l'homme né pour l'éternité connut le tems, & vit un terme à ſa vie (1). Il ignore ce qu'exige la mort: ce ſpectre menaçant qui le preſſe,

---

(1) Selon l'opinion du Vieillard, quoique l'éternité ſoit indiviſible, Dieu a pu frapper l'eſprit de l'homme coupable de l'idée d'un terme & d'une fin, car ſelon ſon ſyſtême, nous ſommes dans l'éternité, au moment ou je parle, & nos momens qui commencent, qui ſe ſuccédent & finiſſent, ne ſont que l'éternité même modifiée ſous l'image du tems.

& l'environne, lui fait fans cesse ap-
prehendre la terre où il va le conduire.
Jugez quel eût été le défefpoir des premiers hommes, fi leur juge & leur maître n'eût alors fait briller à leurs yeux
les traits de la clémence & l'efpoir du repentir? Figurez-vous des malheureux qui
pour la premiere fois fentent la douleur
ou la craignent: tout les afflige, rien ne
les fatisfait; un avenir impénétrable aug-
mente leur terreur; des ténébres profondes,
un défert inconnu dont ils craignent les
habitans; voilà ce qui remplace les objets
qu'ils ont les plus aimés. En effet, ce
funefte tableau ne s'offre-t-il pas encore
aux hommes épris des biens qu'ils ne
peuvent emporter avec eux? Tel eût été
l'état déplorable du premier homme &
de tous fes enfans, s'ils fuffent reftés fous
la loi de la nature; & comment fans un
fecours inefpéré & furnaturel, euffent-ils
pu remonter le torrent qui les entraînoit!
Comment le premier homme eût-il comp-
té fur la clémence de fon juge, lorfqu'il

auroit vu la mort dans son triste appareil s'approcher des moindres créatures qu'elle frappoit à ses yeux? N'auroit-il pas dû s'imaginer qu'il tomberoit bientôt entre les mains d'un juge intégre & irrité? Fixons enfin notre attention sur l'évènement le plus essentiel à la nature humaine; il étoit arrêté que l'homme devoit être frappé de mort; A la dissolution de son corps, que deviendra son esprit? Sans doute il s'élancera vers sa source? Il s'unira à cette unique intelligence qui est la cause, le lieu & le principe de la vie après la mort & dans la vie. Mais l'humanité est souillée, dégradée; le crime ne peut s'unir à Dieu; les ténébres n'habitent point avec la lumiere. Cependant l'esprit de l'homme une fois séparé de son corps doit exister quelque part: dans quel lieu sera-t-il? Dieu est partout.... Mais ce Dieu remplit les Cieux & les Enfers; il pénètre à la fois les bons & les méchans, car il embrasse toutes ses créatures, sans contracter leurs défauts & leur corruption, de même que le feu, principe élémentaire, ne fe charge point des molécules groffières auxquelles il donne le mouvement & la fécondité; Dieu renferme éminemment toutes les chofes créées felon leur perfection & leur effence, laiffant à la volonté de tous les efprits la liberté de perfectionner, ou dénaturer les principes de leur moralité; fa juftice eft l'aliment & le féjour indeftructible des ames viles & criminelles; fa fainteté, fon bonheur & fa paix, ne peuvent remplir que les cœurs capables de les recevoir, & fa miféricorde ne peut s'appliquer qu'à ceux qui peuvent fe repentir & l'aimer.

L'efprit du premier homme dégagé de fon corps ne pouvoit donc s'unir & retourner à fa fource, puifqu'il fe rencontroit dans la nature humaine des obftacles invincibles & comme antipathiques à une nature infiniment parfaite. Ces obftacles auroient néceffairement rendu l'efprit de la créature incapable de s'unir à jamais avec l'efprit Créateur. Dès lors cet efprit malheureux n'eût pu participer à aucun des attributs de fon maitre. Privé de la jouiffance de fa vue, de fa gloire & de fon bonheur immenfe, l'homme eût éprouvé le cruel fupplice d'exifter dans un état violent & contre nature, puifqu'il eût été forcé d'être dans une fituation où il n'auroit jamais dû exifter. Dès-lors cet efprit malheureux n'eût vécu que dans l'éternelle & inflexible juftice de Dieu; il eût vécu hors de ce centre éternel d'où partent & où doivent fe réunir toutes les heureufes intelligences une fois développées & parvenues dans un état de perfection. (1)

Un réparateur de l'humanité étoit donc néceffaire. Ne nous arrêtons pas à cette

______

(1) C'eft ainfi que le Vieillard concevoit l'immortalité des ames, le bonheur des Saints, & le fupplice des réprouvés àuquel Dieu a pu ajouter des peines corporelles ; la juftice parfaite devant s'excercer fur les efprits & fur les corps qui font les uns & les autres complices & coupables.

queftion douteufe, fi Dieu auroit pu, en vertu de fon domaine abfolu, pardonner à fa créature repentante fans aucun facrifice d'expiation. Renvoyons l'examen de cette opinion à un autre tems. Il me fuffit de réduire cette grande queftion à un objet bien fimple; c'eft de favoir, fi Dieu, *qui a tant aimé les hommes*, auroit pu rendre l'humanité capable de la fuprême félicité & de fon union avec lui, fans que la nature humaine fût parfaitement réparée; voilà l'objet capital & effentiel, & l'unique qui me foit néceffaire dans le plan que je me propofe. Or, il me femble indubitable que le Pere de tous les hommes, voulant donner à fes enfans les marques du plus prodigieux amour, n'auroit pu, fans contrarier fes divins attributs, unir l'efprit de l'homme avec la Divinité, fans que l'humanité fût réintégrée & parfaitement reparée.

La religion nous apprend qu'à la chûte de l'homme, la terre, objet de la colere du Ciel, devint tout à coup un fejour de

douleur; tous les maux vinrent fondre fur
une race criminelle dont les excès attirerent
enfin ce terrible déluge qui n'épargna qu'un
jufte & fa famille; l'annonce d'un Rédempteur promis dès le commencement, fut re-
nouvellée à quelques Patriarches; elle s'eft
développée de plus en plus dans les oracles
des Prophètes. Chaque fiécle & chaque
prophétie ajoutoit de nouveaux traits au
grand tableau d'un Dieu fait homme, pour
expier des offenfes infinies dans leur objet,
qui ne pouvoient être effacées, ni par le
fang des taureaux, ni par les larmes des
hommes.

Il eft encore de foi que le Verbe de
Dieu s'eft auffi revêtu de notre chair pour
annoblir & réparer notre nature déchue
& fouillée, en lui rendant une force & une
vertu qui n'étoient plus en elle.

Examinons maintenant fi ces myftères
& ces grandes merveilles peuvent fe concilier avec les lumières de notre raîfon; je
vois fans effort que la dégradation de l'hu-

manité a dû élever entr'elle & la nature
divine une barrière, qui ne pouvoit-être
renverſée par les forces humaines ; car
l'homme n'auroit jamais pu faire en ſa faveur, plus que Dieu même n'avoit fait
pour lui, au jour de ſa création : il falloit
donc un médiateur, un grand réparateur.
On m'aſſure que ce libérateur étoit Dieu ;
cela me paroît plus que vraiſemblable, car
il n'exiſtoit ſur la terre à la chûte du premier homme, que Dieu & l'homme ; il
falloit donc que ce libérateur fut Dieu.
D'ailleurs, il étoit queſtion, tout à la fois,
de ſatisfaire à la juſtice, à l'infinie bonté
de Dieu, & de remédier aux malheurs de
l'humanité ; il falloit expier, pardonner
& réparer. Aucune créature choiſie même
dans les Cieux, ne pouvoit opérer un pareil prodige. Un Dieu ſeul pouvoit accomplir le myſtère de l'homme.

Mais s'il y eut un Dieu médiateur entre
Dieu & le ſeul homme qui exiſta ſur la
terre, il fallut néceſſairement que cette
tierce perſonne, fut une ſeconde perſonne
F ſ

en Dieu ; il falloit encore que l'humanité
devint l'appanage & la nature d'un être
pur & parfait Mais la nature humaine
étant viciée dans fon principe, il s'agiſſoit
de réparer la création & l'humanité, & de
porter le remede dans la fource du mal.
Un femblable prodige ne pouvoit être
opéré que par un homme jufte & parfait,
& comme il n'exiſtoit qu'un homme coupable, il falloit donc que cet homme jufte
& parfait fut un Dieu homme, c'eſt-à-dire
un Dieu qui s'uniſſant à l'humanité, lui
rendit fa premiere fplendeur, & élevât
tout à la fois au comble de la perfection,
l'homme, la nature & la loi.

La foi ne révolte donc point mon efprit,
quand elle m'apprend que Dieu s'unit à
l'humanité : voilà le Chriſt & fes deux
natures ; & vous vous rappellez fans doute
tout ce que nous avons dit fur la poſſibilité
du myftère de l'Incarnation. (1)

____

(1) Voyez le chapitre des Myftères, à l'ar-
tiele de l'Incarnation, page 96 & fuivantes.

Je conviens, dis-je à Méfophée, que vos réflexions répandent une grande lumière, & j'avoue mon étonnement en voyant des faits purement hiftoriques, venir à l'appui de vos dogmes incompiéhenfibles, & attefter la vraifemblance du plus grand de vos myftères. Mais que répondrons-nous aux incrédules, quand ils nous objecteront que ce juge intégre qui promet par la bouche de fes Prophètes, de rendre à chacun, felon fes œuvres, frappe dans le premier homme tous fes enfans?

Vous n'ignorez pas fans doute, répliqua le Vieillard, que cette intelligence dont l'unité embraffe tous les tems & toutes les circonftances, agit ordinairement par des loix générales. Auffi plufieurs Ecrivains ne font pas étonnés que la nature libre, mais bornée, ayant été créée tout à la fois, inclinât toute entiere, prefqu'à l'inftant de fa création, vers le bien ou vers le mal; ils nous affurent que toutes les générations repofoient dans Adam, & que par conféquent elles ont dû recevoir le coup mortel

F 6

qu'il venoit de fe donner à lui-même ; dans d'autres fyftêmes, on femble infinuer que l'efprit éternel, qui voit le commencement, le milieu, la fin & la fuite des êtres, vit les enfans d'Adam, le fuivre & l'imiter, toutefois autant qu'ils pouvoient le faire, parce que leur foible volonté étoit, pour ainfi dire, mêlée avec la fienne. (1)

Mais fans porter fi loin les conjectures, & fans adopter de pareils fyftêmes qui paroiffent favorifer les erreurs d'Origene, renouvellées par les Sociniens, je veux que ce foit vous même qui décidiez la queftion.

En confidérant l'union, & je dirois prefque la confufion de l'efprit avec la matière, concevriez-vous comment le premier homme qui venoit de s'effayer au crime, n'eût point enfuite été trahi par fes or-

____

(1) Cette opinion eft condamnée ; Dieu ne punit point le crime qui auroit été commis, mais celui qui l'a été.

ganes, & subjugué par ses sens? Croiriez-
vous aisement que le corps d'Adam, ren-
fermant toute sa postérité (1), ne lui ait
point transmis le poison destructeur dont
lui-même étoit infecté? Au souvenir du
crime qui dégrada ce représentant du genre
humain, pourriez-vous penser que ses enfans, purs & heureux comme leur père
dût l'être avant sa chûte, fussent libres
comme lui, de changer encore, chacun à
son gré l'ordre & les loix d'un monde
indécis? Ou plutôt quelle idée vous for-
meriez-vous d'un monde, moitié parfait
& moitié imparfait, pur & souillé, selon
les circonstances; dans le quelle la mort
& l'immortalité deviendroient sans cesse
le partage inégal & monstrueux des en-

---

(1) C'est une opinion reçue par une saine
Philosophie, ainsi que par les partisans les plus
orthodoxes des loix genérales, que les corps
furent créés tous a la fois, & que le germe de
l'humanité (quant à nos corps seulement) ré-
sidoit dans le premier homme.

fans d'un même père ? Car il eſt inconteſtable que le premier homme qui naî-
troit, pouvant, comme le premier de
tous les hommes, ſe conduire par ſon libre
arbitre, pourroit auſſi, comme le père du
genre humain, conſerver ou perdre à ſon
choix ſa vie & ſa vertu. Quoi! les mêmes
alimens & le même athmoſphère, nouri-
roient donc & conſerveroient des hommes
mortels & des hommes immortels ? Les
uns ſeroient accablés de maux & d'infor-
tunes, tandis que les autres ſeroient toujours inacceſſible à la douleur?

Au reſte, dès qu'on admet un premier
crime, tout nous confirme (ce qui d'ailleurs eſt ſi probable) qu'en formant le
premier homme, Dieu prépara dans Adam
le caractère & la deſtinée de tous les habitans d'une même terre, paitris d'un
même limon, & animés d'un même eſprit.
Mais au lieu de ſe fatiguer à oublier ce qui
eſt, à imaginer ce qui n'eſt pas, il me
ſemble qu'en voyant la nature, telle qu'elle
eſt aujourd'hui, & ſurtout en ſe voyant

foi-même, on juge que les hommes ont commis depuis longtems quelque délit confidérable. Et en effet, ou trouveriez-vous l'innocence dans la nature entiere?

Quoi! lui dis-je, jettez donc les yeux fur ces foibles enfans qui ne favent que pleurer & fouffrir.

La nature en eux eft elle donc juftifiée à vos yeux, reprit vivement le Vieillard, par le mal qu'ils ne font pas encore, ou par celui qu'ils ne peuvent faire? A peine leur ame engourdie fe montre capable de vouloir & de fentir, ils font deja impatiens, coleres, impérieux, defpotes; au moindre obftacle, ils témoignent leur rage impuiffante par des cris ou par des larmes: avant de connoître les convenances ou les difconvenances des chofes, ils ont des paffions, des vices; & le germe de tous les crimes n'attend pour fe développer, que le danger de l'occafion & la force des organes. Cela feul prouve en vérité par les faits ce qu'on ne detruira jamais par des fophifmes.

La religion naturelle ne pouvoit donc plus fuffire à l'homme. Un Dieu revêtu de l'humanité fuppofoit une religion naturelle & furnaturelle tout enfemble, qui rendoit à la nature humain dégradée, fa premiere innocence. C'eft cet union qui conftitue l'effence du chriftianifme, & qui fait l'unique force de l'homme. Voilà le Chrift qui s'annonce; lui feul put réparer la chùte de l'homme & l'élever a un état fublime. Il falloit donc une loi furnaturelle, non feulement pour opérer tant de merveilles, mais pour que l'homme pût même obéir aux feuls devoirs de la religion naturelle. Bientôt une pure lumiere devoit briller à fes yeux : nous n'avons vu jufques ici dans l'homme, que la crainte & la honte, mais fon cœur étoit deftiné pour les plus grandes vertus : ce n'eft plus un homme foible, tyrannifé par fes vices; c'eft Dieu même qui le foutient, qui l'anime & qui lui apprend à combattre fes paffions & à les vaincre; nul doute, en effet, que fans une affiftance perpétuelle

de la Divinité, le chriſtianiſme ſeroit impraticable; & ſi la religion naturelle ſuppoſoit une communication entre le Créateur & ſa créature, celle du Chriſt annonce
la préſence de. Dieu même parmi les
hommes.

De ſi grandes vérités & des faits ſi. ſur-
naturels formant la baſe du chriſtianiſme,
tous ces myſtères devoient être donnés à
l'homme pour l'objet de ſa créance; mais
ſa raiſon ne pouvoit y atteindre, & ſans
les lumieres de la foi, comment auroit-il
pû croire ce qu'il ne pouvoit concevoir?
Il lui falloit donc des ſignes certains & un
flambeau du Ciel. La révélation fut donnée; Dieu parla, & le Monde crut à ſa
parole.

Aſſurément, dis-je à Méſophée, ſi Dieu
s'eſt fait entendre aux hommes, rien déſor-
mais ne ſauroit m'arrêter; à cette parole ſuprême, je crois, ſans héſiter, les myſtères
les plus incompréhenſibles : mais comment
la raiſon peut elle reconnoître avec certi-

tude qu'une loi eſt dictée par un eſprit in-
viſible ? Les hommes qui m'aſſurent la
vérité de cette grande révélation, ſont
des hommes comme moi; peut-être n'ont-
ils pas voulu nous tromper, ni nous ſéduire; mais ne peuvent-ils point eux-
mêmes avoir été ſéduits & trompés?
J'avoue que je me ſuis déjà dit, qu'il me
paroiſſoit aſſez naturel que le Créateur eût
voulu parler à ſa créature. L'idée d'un
pere qui ſe communique à ſes enfans, qui
leur montre le chemin qu'ils doivent prendre & celui qu'ils doivent éviter, eſt une
idée conforme à ma raiſon; elle eſt faite
pour plaire à mon cœur. Certainement
Dieu a pû, s'il l'a voulu, nous intimer
ſes ordres; mais les ſignes qu'il nous eût
donnés, & les moyens dont il ſe feroit
ſervi, ne pourroient être ni douteux, ni
équivoques.

Sans doute, me dit Méſophée, la révélation devoit être certaine, & revêtue de
tous les caractères de la vérité; mais ſa

certitude ne pouvoit s'établir que par des voies & des moyens furnaturels, & cependant à la portée de tous les hommes. Cette révélation du Ciel devoit être accompagnée de fignes & de preuves fi fortes, fi fenfibles, fi fréquentes, que notre raifon, de toutes parts éclairée, ne pût, fans un aveuglement volontaire, méconnoître une puiffance fupérieure qui parle, & qui veut être obéie. Auffi cet efprit invifible n'a ceffé de manifefter la vérité aux hommes par des merveilles & des prodiges inouis. Il a fait marcher devant lui, pour garaas de fa parole, tous les évènemens & tous les fiécles ; & fes Prophètes n'ont ceffé de faire retentir une voix qui ne pouvoit venir que du Ciel. Mais, comme le dit fi bien Pafcal, ,, la même lumiere qui doit ,, éclairer les bons, aveugle les méchans.'' Dieu laiffe aux hommes la liberté de fe conduire bien ou mal, de croire ou de ne croire pas ; il fuffit à fa juftice qu'il fourniffe à fes créatures une grande lumiere qui doit éclairer leur efprit & leur cœur. Si elles préferent les fens & les ténebres, elles fe détournent de Dieu, & outragent la faine raifon qu'il leur a donnée.

Je fuis convaincu, lui dis-je, de la juftice de Dieu ; mais en attendant que vous me donniez les preuves les plus certaines de fa révélation, apprenez-moi, pourquoi Dieu n'a paru fur la terre que quarante fiécles après la dégradation de la nature ; pourquoi ce grand myftère de la Rédemption a-t-il été retenu dans les Cieux pendant quatre mille ans ?

Je fuis enchanté, me dit le Vieillard, de la queftion que vous me faites ; elle fe préfente fort à propos, car l'éclair-ciffement qu'elle exige fe trouve dans les preuves même que vous demandez de la certitude d'une révélation ; & je vais tâcher de fatisfaire en même-tems, à ces deux queftions importantes.

Nous remarquerons toujours, que Dieu s'écarte rarement de l'ordre de la nature

& des esprits ; & quoi qu'il exige une grande soumission de la part de sa créature, il lui a cependant donné la raison pour le connoître & pour entendre sa voix. Les hommes les plus sages, fussent-ils même inspirés par le Ciel, si leur mission divine ne m'est pas connue, rentrent dans la classe des hommes ordinaires. En effet, quand il s'agira de ma religion, de mon ame & de sa destinée, de quel droit mon semblable subjugeroit-il mon esprit (1) ? Or depuis la dégradation de l'humanité & l'insuffisance de la loi naturelle, rien ne pouvoit mieux assurer la certitude d'une

---

(1) L'orgueil de l'homme me fait concevoir un hérésiarque, mais je ne puis concevoir un herétique sans le considérer comme un homme foible, ou bien peu jaloux de la dignité de sa raison. En effet, un être raisonnable pourroit-il risquer l'évènement de son salut, pour soutenir l'opinion de son semblable? Il me semble que l'amour propre même devroit le mettre à l'abri du danger.

révélation du Ciel, que l'établiffement d'une loi intermédiaire entre la loi des premiers hommes & celle que Dieu devoit apporter lui-même fur la terre. Cette loi intermédiaire devoit repréfenter à nos fens, d'une maniere fenfible, ce qui devoit un jour devenir l'objet de la foi de notre efprit : les grandes figures & les comparaifons ont toujours frappé les hommes ; & Dieu vouloit, dans un immenfe tableau continué pendant une longue fuite de fiécles, leur repréfenter l'image de tout ce qui devoit être. Il eft facile de nous convaincre que Dieu avant d'établir fa religion & d'élever l'édifice de fon églife, a voulu en tracer le plan le plus exact, & l'expofer aux yeux des hommes, afin qu'ils puffent un jour reconnoître dans la réalité & dans une fublime exécution, la même main qui leur en préfenta le modèle. Les preuves de l'Evangile devoient être confignées dans les mains de fes ennemis, enfin de rendre ces preuves encore plus refpectables ; & nous devions trouver de

nos jours l'hiftoire de l'églife dans les
faftes antiques des Juifs. Il falloit encore
que le plus grands évènemens du chriftianifme fuffent prédits & annoncés durant
une longue fuite de fiécles. L'efprit de
Dieu repofoit fur des époques fameufes:
l'établiffement & la chûte des plus grands
Empires fe trouvoient annoncés & fixés
par fa parole; la voix des Prophètes devoit fe faire entendre dans tous les âges,
pour annoncer aux Nations la venue du
Meffie, fa Divinité; & pour développer
de fiécle en fiécle les circonftances de fa
naiflance, de fes travaux & de fa mort.

Les vérités morales de la religion, ont,
comme les vérités phyfiques, une marche
qui leur eft propre; elles ont les unes &
les autres leurs dégrés, leurs progreffions
& leurs nuances. Cette loi intermédiaire
qui devoit renfermer les preuves fenfibles
de tant de faits furnaturels, fuppofoit un
Légiflateur vifible & un peuple choifi par
le Ciel. Moyfe parut à la tête du Peuple

d'Ifrael. Pour prouver la miſſion de ce nouveau Légiſlateur & des Chefs qui lui fuccéderent, ce Peuple devoit marcher ſans ceſſe au milieu des prodiges & des miracles. Cependant la conviction de ces premiers témoins ne ſuffiſoit pas, ils devoient être chargés de tranſmettre tant de merveilles à tous les Peuples de la terre. Les monumens les plus authentiques dûrent être dreſſés au moment même des miracles. Des fêtes, des cérémonies publiques & religieuſes, uniquement inſtituées à ce ſujet, dûrent à jamais en conſacrer la mémoire; & les autres générations de ce Peuple inconcevables, qui furent également environnées des prodiges du Ciel, dûrent auſſi perpétuer de la même manière la vérité des évènemens dont elles furent temoins. C'eſt ainſi, en effet, que tout ſe trouve diſpoſé dans l'hiſtoire des Juifs, depuis Moyſe juſqu'à Jeſus-Chriſt; & l'on ne ſauroit diſconvenir que ce morceau d'hiſtoire ne forme la plus grande & la plus belle partie des

faſtes

faſtes du genre humain. Pourrions nous douter que ce Peuple n'ait été choiſi pour conſerver à tous les Peuples le culte d'un ſeul Dieu, le ſouvenir du paſſé, & le dépôt important des promeſſes de l'avenir ? Ce peuple & ſes cérémonies, ſes héros, ſes ſages, ſa loi, tout eſt figure ; tout annonce l'arrivée & la puiſſance de celui qui eſt l'attente des Nations. La loi de ce Peuple miraculeux, écrite ſur des tables de pierre, ſemble tenir une ſorte de milieu entre la loi des premiers hommes, & cette loi ſurnaturelle gravée, dans les cœurs par l'Eſprit Saint ; cette loi intermédiaire, ſurchargée d'obſervances & de cérémonies, ſervile enfin, étoit néanmoins l'emblême d'une loi libre & ſublime. Quelque foible que fût en elle-même cette loi emblêmatique, elle ſuffiſoit cependant à tous les eſprits : les ames généreuſes, qui ne pouvoient s'arrêter à des promeſſes temporelles, y trouvoient le Dieu qu'elles cherchoient hors de la terre ; tandis que l'accompliſſement journalier de ces mêmes promeſſes temporelles, prouvoit aux eſprits les plus groſſiers, que le Dieu de la nature étoit le véritable chef & le légiſlateur de ce peuple extraordinaire.

Mais pour remplir les décrets du Tout-puiſſant, & ne laiſſer aucun doute ſur ſa révélation, il étoit encore néceſſaire que ce peuple, déjà ſi merveilleux dans ſon exiſtence, ſa durée, & ſa conſtitution po-litique, ſe ſurvécut à lui-même, pour être juſqu'à la fin du monde, un miracle ſubſiſtant & perpétuel, à l'abri de toute contradiction. Témoin conſtitué d'une religion éternelle, ſans doute il devoit être lui-même éternel ſur la terre ; ſon ſang ne ſe mêlant jamais avec celui des Nations, ſes Ecritures ſi anciennes devoient repouſſer les fables & les ſuperſtitions des peuples dont il étoit environné. Et comment ces livres divins auroient-ils pû éprouver la moindre altération ? Ils ſervoient de baſe à leur gouvernement ; ce tréſor ſacré ren-fermoit les promeſſes annoncées a leurs peres.

Effectivement, hors la loi, toutes les
sciences humaines, si cultivées chez les
autres Nations, étoient à peine connues
de ce peuple saint; ses grands Prêtres, ses
Lévites, ses Sages, ne veilloient qu'à la
conservation de ces augustes titres; chaque
Roi, dans le cours de son régne, devoit
transcrire, de sa main, les livres de la loi;
tout Hébreu qui auroit osé changer une
seule parole, eût été puni de mort; tous
connoissoient le nombre des livres qui la
contenoient, plusieurs d'entr'eux les sa-
voient par cœur, & presqu'aucun d'eux
n'ignoroit combien chaque livre contenoit
de mots & de lettres; & tandis que d'une
part cette nation apportoit les soins les
plus religieux pour la transcription de sa
loi, d'une autre part, la mémoire de
chaque Israélite devenoit un témoin toujours prêt à s'élever contre la plus légère
altération du texte sacré. Ainsi se mani-
festoient les vues d'une Providence, atten-
tive à la conservation des divines Ecritures
dans toute leur intégrité.

G 2

Oui, il faut être frappé d'aveuglement, pour ne pas appercevoir que la religion chrétienne a été annoncée à notre raifon pendant une longue fuite de fiécles, & que la religion Juive n'a exifté que pour fervir de preuve & de témoignages au Dieu des Chrétiens, & pour lui foumettre un jour tout l'Univers.

Plus je confidère, dis-je à Méfophée, la fageffe de cette loi intermédiaire que vous m'avez fait remarquer, plus j'admire la grandeur de Dieu, qui fans forcer les efprits, les incline à croire à la révélation, & prépare les cœurs à recevoir les vérités inconcevables qui devoient un jour être annoncées fur la terre ; mais encore une fois, pour réveler aux hommes une religion, quatre mille ans étoient-il nécef-faires à la tout-puiffance d'un Dieu, qui fit éclore le monde à fa parole ?

Vous m'étonnez, me répondit Méfo-phée ; quoi ! vous difputerez donc toujours avec Dieu fur le plus ou le moins ! Faites attention que créer des mondes ou convertir des cœurs, font deux opérations qui ne peuvent fe comparer. Pour créer, Dieu veut, & il eft obéi; pour convertir, Dieu parle, & fouvent il n'eft point écouté. Dans la création, je ne vois que la toute-puiffance; & dans la converfion, je vois la liberté de l'homme qui lutte avec la volonté de Dieu. Mais puifque je cherche à vous convaincre par les lumieres de la raifon, je dois vous obferver, que Dieu, felon vous, n'ayant pas voulu fufpendre l'ordre établi du genre humain, vous ne devez pas être étonné fi fa patiente bonté, fecourant la nature, ne detruit ni l'ordre de nos idées, ni la prodigieufe variété de nos affections, ni leur marche commune & naturelle. Enfin, fi vous croyez ce que vous voyez, non-feulement parceque cela devoit être, mais encore parceque cela eft, ne trouvez-vous pas auffi raifonnable de prononcer fur la fageffe des moyens de la providence, non d'après l'idée abftraite d'un mieux in-

connu, mais d'après le fpectacle fenfible &
conftant que nous offrent aujourd'hui l'hiftoire, la fociété, & j'ofe dire, la conftitution du genre humain? D'ailleurs, il
falloit parler à tous les fiècles; & cela,
en donnant à tous les efprits des démon-
ftrations invincibles, qui réfultaffent d'une
foule immenfe d'évènemens & de faits,
annoncés, & attendus par des Nations
entieres, & toujours accomplis, cependant la plus légère variation dans les circonftances, foit dans la volonté mobile
des efprits, foit dans le procédés prefqu'infinis de la nature, eût fuffi pour
brouiller & renverfer mille & mille fois
toutes les combinaifons d'ou pouvoit fortir cet accompliffement. Que de fiècles
ne falloit-il donc pas pour préfenter à la
raifon des hommes, ces preuves bien plus
convaincantes pour l'efprit, que cette
multitude innombrable de miracles même,
dont la force pourtant eft fi impérieufe,
qu'ils ont converti la plus grande partie
de la terre?

Ne demandez donc plus pourquoi cette longue attente d'un Meffie. Dieu devoit à fa religion une preuve au-deffus de toutes les preuves ; & cette preuve victorieufe eft dans cette même attente ; elle eft dans cette chaîne de prédictions qui rempliffent tout l'intervalle entre le premier homme & le Meffie. Eft-il poffible d'en imaginer une plus générale, plus forte & plus capable de réveiller & de convertir, jufqu'à la fin des tems les efprits forts & les efprits foibles ? Oui , dans l'attente de ce chef, je vois la main de Dieu qui l'indique à tous les hommes, & j'entends fa voix qui le prédit dans tous les âges ? Prédictions contenues dans un Livre qui appartient à toutes les Nations , & qui ne femble univerfel que parce qu'il renferme des oracles qui regardent le genre humain & toute la nature. Ce Livre eft attefté par un peuple plus ancien que tous les autres. Doutera-t-on que l'attente de cet envoyé, fon hiftoire, les cérémonies de ce libérateur fi vifiblement repréfenté, n'ayent été

G 4

de tous les tems consignées dans ce livre
fameux ? Une preuve que les Juifs y ont
toujours cru qu'ils ont toujours attendu,
c'est qu'ils l'attendent encore. Il est im-
possible qu'on ne reconnoisse pas le Dieu
de vérité, & sa parole éternelle, dans ces
immuables témoignages qui parle du même
ton aux hommes de tous les tems. Si une
preuve semblable ne persuade pas les incrédules, elle doit du moins les étonner ;
tout ce qu'ils peuvent faire, c'est de l'é-
carter, de l'oublier, &, comme les Juifs,
de fermer les yeux à la lumiere.

Cependant ces Juifs croyent du moins
a une révélation du Ciel ; ils garantissent
à nos aveugles Philosophes, l'antiquité &
l'authenticité de leurs livres ; & si pour
les critiquer, on essaye de les lire, on
trouve partout le Prince de la paix qui
doit régner sur tous les peuple. Tous ces
livres, dont la certitude a été si souvent
& si bien constatée, proclament d'un bout
à l'autre, séparément, & tous ensemble,
ce Roy de paix & de justice, qui ne fera

un jour qu'un peuple de tous le peuple du monde. Or fi les oracles contenus dans ces livres, qui embraſſent les ſiécles précédens & ceux qui vont s'écouler, ſe vérifient chaque jour depuis dix-huit cens ans: ſi nous ſommes témoins d'une partie de cette grande révolution qui devoit changer la face de la terre, nous ſommes donc dans le règne de cet envoyé des Nations.

Vos preuves, dis-je à Méſophée, ſubjuguent ma raiſon; mais je ſuis vrai, & je vous avoue que ſi mon eſprit eſt content mon cœur n'eſt pas ſatisfait. Comment m'imaginer que le ſang de cet envoyé des Nations, répandu pour tous les hommes, coule envain pour le plus grand nombre? quelle peut être la cauſe de cette inégale répartition des graces? Combien d'hommes bons & bienfaiſans vivent & meurent ſans s'élever juſqu'aux vertus chrétiennes? Et quelle immenſité d'ames enchaînées par les ſens, appeſanties ſur la terre, ſemblent ne pouvoir ſe relever?

Cette queſtion eſt fameuſe, me répondit le Vieillard ; mais il me ſemble que
ſon éclairciſſement peut être renfermé
dans peu de paroles. Il me ſuffira de vous
dire, que le Sauveur du monde eſt mort
pour tous les hommes : que celui qui n'a
pu connoître la loi, ne ſera pas jugé par
la loi ; que tous les hommes reçoivent des
graces ſurnaturelles, ſuffiſantes pour ſe
guider, & marcher dans la voie de la juſtice. Enfin, & ce qui tranche toutes
difficultés, nous ſommes tenus de croire,
que de tous les hommes qui ont couvert
la ſurface de la terre, il n'en eſt aucun qui
ne ſoit jugé un jour par ſa propre conſcience ; ce ſera l'aveu du coupable même,
qui juſtifiera les jugemens d'un Dieu plein
d'équité ; dès-lors ſa juſtice eſt parfaitement accomplie, & le myſtère doit être
reſpecté.

Quant à cette foule innombrable d'ames
qui ſe précipitent comme des flots, dans
l'abîme, je vous redirai ſans ceſſe, que
notre Dieu, juſte & bon, ne demande que

le peu dont nous fommes capables : loin d'exiger de nous l'impoffible , il n'exige pas même tout ce que nous pouvons. (1) Mais foyez le juge de la difficulté qui vous arrête & vous furprend. Dites-moi fi ce n'eft pas abufer des termes & de la raifon, que d'imaginer une intelligence libre qui, capable du bien & du mal, traverfe tout l'efpace du tems, & en fort fans être déterminément ou bonne ou mauvaife ? Ne faut-il pas néceffairement qu'elle ait fait ou le bien ou le mal dans un monde où les penchans & les volontés inconftantes s'écoulent & renaiffent avec les inftans & les heures ? Il faut donc que chaque individu puiffe fe corriger, fe pervertir, fe foutenir & fe dégrader à chaque moment. L'union des ames avec les corps, le tems qui rend tout variable & mobile, exigent des variétés indéfinies , une fuc-

---

(1) En effet, les confeils évangéliques, fi fublimes en eux-mêmes , ne nous font point donnés pour des commandemens.

G 6

ceſſion de biens & de maux, des alternati-
ves continuelles, des cataſtrophes ſubites,
des changemens inſenſibles ; voilà comme
je conçois cette grande machine que l'on
appelle le monde phyſique & moral ; &
c'eſt ainſi qu'elle s'avance tous les jours
vers le but que Dieu lui a marqué, ſans
gêner la liberté des creátures intelligentes ;
elles doivent toutes enſemble, & chacune
en particulier, accomplir enfin ſes décrets
éternels : les paſſions, la raiſon & la liberté ſont à l'eſprit & aux ames, ce que
le mouvement eſt à l'inertie de la matière :
les ames ont leurs affeѐtions, leurs nuances
& leurs variétés ; les vices & les vertus,
les penchans, bons ou mauvais, amenent
les évènemens divers dont nous ſommes
témoins.

Ces vérités une fois admiſes, je ne
vois, j'oſe le dire, aucune difficulté à réſoudre. Les objeѐtions même nous offrent
une réponſe invincible à cette queſtion
ſi rebatue : pourquoi Dieu a-t-il fait à
l'homme le funeſte préſent d'une liberté,

dont il prévoyoit l'abus de toute éternité ?
En effet, non-feulement nous devons concevoir que fans liberté, nos actions forcées,
bonnes ou mauvaifes, n'euffent été que
les vertus ou les crimes du Ciel ; mais nous
devons auffi conclure, d'après nos principes, que notre liberté impliqueroit contradiction, fi nous ne pouvions faire le
mal ; que la juftice de Dieu impliqueroit
également, fi les méchans n'étoient point
punis ; que fa bonté infinie feroit un mot
fans idée, s'il ne faifoit pas miféricorde ; &
que fa juftice enfin détruiroit fa bonté, fi
pour nous rendre meilleurs, afin de nous
pardonner, il ne fecouroit pas en même-
tems, par un moyen furnaturel, la nature
impuiffante & corrompue.

Mais je m'apperçois, dit le Vieillard,
que de trop longues difcuffions nous détournent de notre objet ; reprenons le
fil de nos idées :

Vous avez vu l'homme forti des mains
de fon Créateur ; vous l'avez vu libre,
coupable, malheureux & fujet à la mort ;

l'humanité dégradée exigeoit un Dieu réparateur; une loi naturelle, devenue infuf-
fifante, réclamoit une loi furnaturelle;
pour annoncer de fi grandes merveilles,
une révélation fut donnée; une religion
intermédiaire entre la loi des premiers
hommes & celle que Dieu devoit apporter
un jour, parut fur la terre; cette loi fut
annoncée au milieu des prodiges, & le
Ciel, pour conftater la révélation & la
venue du Meffie, n'a ceffé d'éclairer les
Nations par fes Prophètes & fes miracles.

Tels font les faits que nous venons de
vous préfenter; ce feroit fans doute le
moment de faire paroître le defiré des
Nations, & d'expofer à vos yeux les
preuves de fa divinité, la vérité de fa religion & la fublimité de fa morale; mais
repofons notre efprit; demain nous ache-
verons le grand tableau que nous avons
commencé; nous avons pris l'homme dès
l'ouverture des fiécles, & nous le condui-
rons jufqu'à ce moment éternel qui doit
furvivre à tous les fiécles.

LE REGNE DU CHRIST,

Suite de la Religion du Vieillard.

Dieu devoit defcendre fur la terre ; les Nations avoient les yeux ouverts fur ce grand fpectacle ; enfin il parut dans le tems, dans le lieu, & environné de tous les fignes que les Prophètes avoient annoncés pendant une longue fuite de fiécles. Sera-t-on furpris de voir le Dominateur des Nations naître au milieu de tous les attributs de la pauvreté ? Son royaume n'étoit pas fur la terre ; le dénuement qui l'accompagne dans ce monde, n'eft-il pas analogue au deffein qui l'y amene, à fa loi, à fa morale ? D'ailleurs, un Dieu caché fous les voiles de l'humilité, & de la mifère humaine, n'étoit il pas annoncé par les Prophètes ? Cependant il devoit defcendre d'Abraham & de Jacob ; iffu du fang des Rois, il devoit être le fils de David ; les

Juifs ont-ils jamais pû contefter fon
origine ;

Dira-t-on qu'une époque fi merveilleufe
a dû être marquée naturellement par des
fignes éclatans ? Auffi le Ciel & la terre
annoncent-ils fa naiffance ; des hommes
extraordinaires & puiffans, fortent de
l'Orient, & viennent fe profterner & l'a-
dorer ; & le Ciel, pour les conduire dans
le féjour de l'indigence, fait paroître à
leurs yeux une clarté nouvelle. Quelques-
uns de nos Ecrivains ont bien pû, dix huit
fiécles après les évènemens, les contefter
& les ranger au nombre des fables religieufes ; mais il fuffit à ma raifon de concevoir que l'apparition d'un Dieu fur la terre
dut entraîner les miracles du Ciel, & que
les Juifs, dans le moment des faits, ayent
été forcés de les reconnoître.

Je regarde les tems qui ont précédé
l'arrivée de Dieu fur la terre, comme des
tems de ténèbres ; à cette époque, fixons
nos yeux fur deux objets, la Judée, & le

reſte du monde ; la Judée ſeule offroit des adorateurs au vrai Dieu du Ciel & de la terre ; le reſte de l'Univers ne connoiſſoit que la loi naturelle.

Cependant le peuple Juif fut moins éclairé par la lumiere de l'eſprit, que frappé par des objets ſenſibles & des prodiges fréquens ; qui étoient néceſſaires pour conſtater la révélation. La loi de Moyſe ſe préſentoit comme la figure ſenſible & paſſagère d'une loi ſpirituelle, que Dieu même devoit un jour proclamer ſur la terre ; alors, tous ces types & toutes ces repréſentations groſſières devoient s'effacer. A ce moment un règne tout ſpirituel commença ; tout fut changé ; les évènemens des ſiécles écoulés, intimement liés à l'arrivée du Meſſie, ſe fixerent & ſe réunirent ſur lui ſeul : la Judée ne fut plus qu'un point dans l'Univers. Dieu habitoit la terre ; toute la terre devoit un jour l'adorer. Ce grand Légiſlateur nous annonce qu'il ne vient point changer la loi, mais l'accomplir ; il employa trois années à développer des vérités inconnues jufqu'alors, & cependant anciennes comme le monde ; & fixa pour toujours tous les articles de la foi. Un changement fi fubit, & la converfion univerfelle des hommes, exigeoient néceffairement une lumiere nouvelle & une puiffance toute furnaturelle ; lumiere invifible à nos fens, mais fenfible à nos cœurs. Tous les prodiges & les miracles particuliers ne fuffifoient pas ; il n'étoit plus queftion de parler aux Ifraélites feuls, mais à tous les hommes : il falloit donc un miracle univerfel. Sans cette puiffance furnaturelle qui nous environne fans ceffe, pourrions-nous, je ne dis pas pratiquer la morale parfaite du chriftianifme, mais même concevoir qu'il eût pu s'établir, fe maintenir & s'accroître ? C'eft ici qu'il faut s'écrier avec un grand Docteur de l'Eglife, (1) *Le chriftianifme a été établi par des miracles, ou fans miracles ; dans le premier cas, Dieu a*

***

[1] Saint Auguftin.

parlé ; dans le second, il a parlé & il parle
encore, car c'eſt alors le plus grand de tous
les miracles que le chriſtianiſme ſe ſoit établi
& qu'il ſubſiſte.

En effet, qui pourroit ſans démence
refuſer de reconnoître la main de Dieu
dans l'établiſſement d'une ſemblable religion ? Cette main puiſſante ſe montre de
toutes parts ; l'inſtitution & la marche de
cette religion différent viſiblement de la
conduite humaine. Un impoſteur parle
pour être crû ; il veut même ſéduire ;
mais pour y parvenir, chercha-t-il jamais
à contrarier les préjugés dès peuples, leurs
paſſions, leurs intérêts les plus ſenſibles
& les plus chers ? Me dira-t-on que c'eſt
ainſi qu'il faut traiter des eſprits fana-
tiques ? Mais je réponds qu'un impoſteur
adroit offre à des peuples ſenſuels, la volupté ; à des peuples groſſiers, une doctrine groſſière ; à de faux Philoſophes,
l'orgueil & l'indépendance. Il n'eſt pas
ici queſtion de ſéduire quelques hommes
ſuperſtitieux, ni de travailler ſur une cen-

taine de cerveaux, plus ou moins exaltés par le fanatifme ; il s'agit de foumettre toutes les Nations ; & pour y parvenir, quel impofteur dit jamais à fes Difciples : *mon nom vous rendra odieux à tout l'Univers ; vous fouffrirez pour moi le mépris, les tourmens & la mort ?* Eft-ce par d'effrayantes menaces qu'il appartient à l'homme de former des Difciples, & de les conferver, en ne leur promettant que la haine du genre humain ? Sans une puiffance furnaturelle, l'Eglife eût-elle jamais pû fubjuguer les peuples, leurs paffions & leurs cœurs ? Les miracles fenfibles ne fuffifent pas pour contenir l'efprit des hommes : témoin ce peuple groffier, qui frappé par les merveilles du Ciel, adoroit le Dieu d'Ifrael, & bientôt encenfoit les Idoles des Nations : les prodiges s'oublient, le Ciel ne parle pas toujours, & les paffions ne fe taifent jamais. Quelle eft donc cette force fi victorieufe ? Les Chrétiens l'appellent la grace ; & cette grace, c'eft Dieu même, c'eft fon efprit, communication la plus précieufe que le Ciel puiffe accorder aux hommes!

Cependant Dieu veut la faire dépendre du cœur de l'homme; fa volonté l'attire; & par une efpèce de fympathie qui fe trouve entre l'efprit créé & l'efprit créateur, cette grace fi furnaturelle fe confond avec notre être; elle feconde toujours les purs mouvemens qui s'élévent de l'ame, & que la volonté fait naître. Cette lumiere divine traverfe les ames, comme l'éclair fend les nuages; & fi je puis m'exprimer ainfi, l'homme peut, par fa volonté, l'arrêter en fon cœur, comme nous pouvons par les traits de la plume, fixer l'éclair de la penfée.

Nous avons fouvent obfervé que les hommes étant compofés d'efprit & de corps, leur religion doit être fpirituelle & fenfible. Auffi appercevons-nous deux règnes dans la Divinité; par l'un, elle fubjugue les fens de fa créature: ce règne

de puiſſance ſe manifeſte par la création
& les miracles. Par l'autre, elle embrâſe
les eſprits & les cœurs ; ce règne de l'eſprit & de l'amour ſe manifeſte par les
preuves purement ſpirituelles du chriſtianiſme. Qui, cette grande religion préſente à nos eſprits autant de preuves intel-
lectuelles pour démontrer l'exiſtence du
Dieu des Chrétiens, que le ſpectacle &
l'harmonie de l'Univers offrent des preuves
à nos ſens, pour nous démontrer l'exiſtence du Dieu de la nature.

Mais tandis qu'un Dieu deſcendu ſur
la terre parle à l'eſprit de la créature, il
étonne & renverſe ſes ſens par des prodiges inouis, afin qu'il n'y ait rien dans
la nature de l'homme qui puiſſe conteſter
ſa préſence. La Judée retentit du bruit de
ſes miracles ; les Juifs ne peuvent en douter, ils les avouent, & pour en méconnoître l'auteur, ils les attribuent à la puiſſance du Dêmon : J. C. les confond par
la ſublimité de ſa réponſe.

Je vous avoue , dis-je à Méfophée, que je n'ai jamais pû comprendre l'obftination des Juifs à la vue de tant de merveilles.

Vous connoiffez peu les hommes , me répondit le Vieillard : voici le moment de fixer votre efprit ; car c'eft toujours dans les grands évènemens qui intéreffent le cœur & les penchans naturels , que l'homme fe developpe & fe montre tel qu'il eft. Comme l'évènement eft général & univerfel , c'eft l'inftant qu'il faut faifir pour apprendre à connoître les hommes de tous les fiécles.

Le Chrift s'annoncoit pour être la vérité même : point de millieu, il falloit le fuivre ou le condamner. L'homme droit & fincère peut connoître la vérité & la chérir ; mais les ames de cette trempe font bien rares. Auffi ce ne fut pas le plus grand nombre des Juifs qui forma ces premiers Chrétiens , dignes de converfer avec leur maître. Les hommes pervers & corrompus chercherent le

menfonge, ils difcutèrent avec hardieſſe,
calomnierent avec fureur. La lumiere
étoit pure, la vérité ſe montroit à leurs
yeux; mais les paſſions obſcurcirent leur
cœur & aveuglerent leur eſprit. Les
Docteurs de la loi détefterent le jufte;
la Synagogue étoit en feu; des Prêtres
intéreſſés ànimerent le peuple, ils lui
montroient leurs facrifices décriés, leur
temple renverfé, leur loi anéantie. Pourquoi tant de zèle? Etoit-ce pour conferver les loix de leurs peres? Le Meſſie
étoit venu pour accomplir la loi & non
pour la détruire. „ Si vous ne croyez
„ pas, leur difoit-il, à mes paroles,
„ croyez à mes œuvres.... Si je n'avois
„ pas fait au milieu d'eux des merveilles
„ qu'aucun autre n'a opérées, ils ne fe-
„ roient point coupables." Ne cherchons
plus la caufe de tant de fureurs & d'aveuglement. Pour devenir Chrétien, il falloit
être vrai Juif, & ils ne l'étoient pas. (1)

---

(1) Il y a autant de diftance entre un cir-

Il falloit s'humilier, pardonner, renoncer aux honneurs, aux plaifirs : ils étoient
orgueilleux, vindicatifs, ambitieux, fen-
fuels... Il falloit aimer Dieu & fa loi; leurs
cœurs en étoient éloignés, ils ne virent
que l'homme & méconnurent Dieu.
Quels durent être les excès de cruauté
d'un peuple furieux qui vivoit dans le
crime ? Le fang de l'innocent fut répandu ; il retomba fur la tête des enfans de
ceux qui l'avoient verfé; coupables eux-
mêmes, puifqu'ils fe glorifient chaque jour
du forfait de leurs pères.

Je viens de vous développer le grand tableau du chriftianifme; préfentons maintenant au jugement de la raifon, les dogmes
les plus importans de la foi.

I.

Nous croyons que Jefus-Chrift eft reffufcité d'entre les morts; pour connoître

---

concis & un bon Juif, qu'il s'en trouve entre
un homme baptifé & un vrai Chrétien.

les motifs qui nous déterminent à le croire, fixons deux époques; le tems où il a vécu, & les évènement qui font arrivés après fa mort. Jetterons-nous les yeux fur les tems où il exiftoit? Nous l'entendrons annoncer lui-même fa mort & fa réfurrection, ainfi que fes Prophètes l'avoient deja annoncé; nous entendrons toute la Judée dépofer fur la certitude de fon fupplice & de fa mort.

Confidérons-nous les événemens qui ont fuivi fa mort? Nous entendrons plus de cinq cens témoins qui nous affirment fa réfurrection: plufieurs de ces témoins ont mangé avec lui; tous certifient l'avoir vu reffufcité, & avant que de voir, il ont tous douté. Si les Juifs euffent fait périr J C. dans le filence & l'obfcurité des pri- fons, & qu'au moment de fa mort, les Chefs de la Synagogue euffent fait courir le bruit qu'ils l'avoient chaffé de Jérufa- lem, ou fait tranfporter en d'autres cli- mats; alors les incrédules, qui voudroient

fermer les yeux aux autres preuves de sa
réfurrection, pourroient, peut-être, contefter la vérité des témoignages, même en
refpectant la véracité des témoins, puifqu'ils auroient pu être trompés par le bruit
d'une mort incertaine ; mais l'illufion ne
put avoir lieu, tout Jérufalem vit expirer
le Roi des Juifs, il fut condamné par le
jugement le plus folemnel, & les enfans
de fes bourreaux fe glorifient encore du
fang qu'ils ont verfé.

Il ne nous refte donc plus qu'une
queftion à éclaircir ; c'eft de favoir, fi
les témoins de la réfurrection font croya-
bles, & fi leur dépofition peut être con-
tredite par une faine raifon. Eh ! comment
pourrions-nous douter, en entendant les
récits uniformes & conftans de ces hommes
qui ont fcellé leur foi par l'effufion de
leur fang, s'ils n'avoient pas vu J C. reffufcité comme il l'avoit prédit ? Se fe-
roient-ils voués à la mort, pour accréditer
les impoftures d'un homme qui les auroit

trompé ? Mais ne perdez jamais de vue,
m'ajouta Méfophée, que ces témoins ont
expiré dans les fupplices, pour foutenir,
non pas feulement ce qu'ils croyoient,
mais encore ce qu'ils avoient vu. C'eft
ici que j'en appelle à la confcience de tous
les hommes ; je doute qu'il y en ait un
feul qui foutienne de fens froid, qu'il
puiffe exifter des hommes, capables de
fe dévouer aux plus cruelles tortures & à
la mort, uniquement pour foutenir qu'ils
ont vu ce qu'ils n'ont pas vu ; qu'ils ont
entendu ce qu'ils n'ont jamais oüi, qu'ils
ont palpé ce qu'ils n'ont jamais touché.
On nous répéte fans ceffe que toutes les
religions ont leurs martyrs ; je conçois que
la force des préjugés de l'éducation peut
infpirer un attachement prefque invincible
pour la religion de fes Pères ; que fouvent
le culte le plus abfurdé peut paffer pour
le véritable aux yeux d'un peuple ftupide ;
je conçois même, que dans des accès vio-
lens, le fanatifme peut jetter dans des
cœurs ardens & dans des efprits voués à

la superstition, une semence de manie
& de férocité qui fait affronter la mort ;
enfin, je conçois des martyrs de doctrine
& d'opinion ; mais aucune fausse religion
ne nous présente des hommes qui courent
au supplice pour soutenir la vérité des
faits dont ils se prétendent témoins. Ce
caractère de témoignage distingue nos premiers Martyrs, & donne à leur déposition
une autorité qu'une saine raison ne sauroit
méconnoître. On ne peut trop le répéter,
mourir, pour soutenir que l'on a vu ce
que l'on n'a pas vu, c'est une idée qui révolte l'esprit & la nature.

I I.

Nous croyons à toutes les prédictions
de J. C. : avant de pouvoir en douter, ne
sommes-nous pas en droit d'exiger de ces
grands Philosophes, qui ne cessent de blâmer notre aveugle crédulité, qu'ils nous
citent enfin, une seule prophétie qui doive
être exécutée au moment où je parle,
& qui ne soit pas encore accomplie ? Nous

au contraire, sommes-nous donc si crédules, quand nous leur en citons mille qui
se sont déjà vérifiées, mille qui se vérifient tous les jours à la face de tout l'Univers ? Eh ! comment pourrions nous douter de ce que nous voyons de nos propres
yeux ?

I I I.

Nous croyons aux maximes & à la
morale de l'Évangile : avons nous tort ?
Les Philosophes eux-mêmes trouvent cette
morale si sublime ! Ils prétendent, il est
vrai, qu'elle est contraire à la nature ;
mais pourquoi n'ajoutent-ils pas, à une
nature totalement dégradée & corrumpue ?
Et puisque le Christianisme n'est institué
que pour corriger cette nature déréglée,
sa morale pouvoit-elle se montrer moins
sévère ? Où il y a corps & esprit, il y a
nécessairement opposition. C'est l'ombre
qui combat la lumiere ; enfin, la morale
ne pourroit être favorable à la nature de
nos sens, qu'autant qu'elle seroit contraire
à la nature de notre esprit.

Si les chofes font ainfi, la morale d'une
religion purement fpirituelle ne pouvoit
être différente de celle de l'Evangile ; à
moins que Dieu n'eût voulu contrarier la
nature de l'efprit, & par conféquent, changer l'effence des chofes, ce qui feroit abfurde & impoffible.

I V.

Nous croyons enfin à la réfurrection
générale des morts, & au jugement univerfel des hommes : A l'égard du jugement, nous le croyons, parce que Dieu
eft jufte.

Quant à la réfurrection, c'eft le dernier myftère qui nous refte à examiner.

L'homme étant par a nature un com-
pofé d'ame & de corps, n'eft-il pas raifonnable de croire qu'il fera éternellement
ce qu'il eft effentiellement ? D'ailleurs,
n'eft-il pas conforme à la fageffe & à la
juftice de Dieu, qu'ayant uni l'ame avec
le corps, il puniffe ou récompenfe, dans

l'un comme dans l'autre, des actions qu'ils firent enfemble ? Indépendamment de la foi, j'entrevois donc une efpèce de juftice dans le dogme de la réfurrection des corps.

Mais ce qui vous furprendra, fans doute, m'ajouta Méfophée ; c'eft qu'en fuppofant une autre vie, le myftère de la réfurrection des corps, m'étonne beaucoup moins que la création de ces mêmes corps & que leur union avec nos ames. En effet, je ne puis nier, fans folie, l'union de mon efprit à mon corps ; or, miracle pour miracle, celui qui unit l'ame à un corps qu'elle n'avoit pas encore habité, me paroît cent fois plus grand, que le miracle qui la réunira un jour à un corps qu'elle a déjà occupé (1) ; auffi

____

(1) Excepté les myftères qui regardent la nature divine, l'exiftence de prefque tous les autres nous eft démontrée par les faits ; ils nous environnent, nous les voyons, il ne nous eft permis, ni d'en douter, ni les comprendre ; or, ceux-ci garantiffent, pour ainfi

mon exiftence & l'apparition d'un feul enfant dans le monde, m'étonnent bien plus que la réfurrection de tous les morts; dans l'une, c'eft un efprit qui vient fubitement s'emparer d'un corps où il n'a jamais exifté, & dans l'autre, c'eft un efprit qui rentre dans un corps qu'il a déjà eu. Mon exiftance fuppofe donc deux miracles, tandis que la réfurrection générale des morts n'en fuppofe qu'un feul.

— Cette réflexion me plut autant qu'elle me frappa. Le Vieillard fufpendit fon difcours, & un moment après il me dit:

---

dire, ceux que nous ne pouvons pas voir & qui forment l'objet de notre feule foi. A l'égard des merveilles & des prodiges incompréhenfibles qui font néceffaires pour que ces myftères fenfibles exiftent à nos yeux, cela doit bien peu nous arrêter; car lorfqu'il ne fera plus queftion que des miracles & de la puiffance du Créateur de toutes chofes, quel embarras peut-il refter à notre efprit?

Tel eft le plan & l'idée que j'ai voulu vous tracer de ma religion; fi elle renferme des vérités fublimes, qui fuppofent elles-mêmes des prodiges inconcevables, ne cherchez point d'autre caufe que la caufe même d'où fort cette religion; elle découle d'un Etre infini & incompréhenfible; ce que nous avons tenté de prouver par la raifon humaine, bientôt nous le prouverons par les faits. En attendant, nous avons pris le chriftianifme dès fa fource, nous l'avons fuivi dans fa marche & dans tous les tems; nous l'avons vu porter avec lui toutes les vérités qui l'ont précédé, & qui deviennent enfuite la fource intariffable de celles qu'il a fait naître; vé.ités effentielles qui s'identifient tellement avec les premieres, que rien ne peut en être ifolé ni défuni. Une re'igion femblable ne peut être que l'ouvrage d'un Dieu.

Le Vieillard fit un mouvement pour fe lever; mais nous le vîmes fur le champ plus animé que jamais.

Je m'arrête, nous dit-il, sur une pensée
bien simple, mais frappante, qui seule
peut suffire pour démasquer l'erreur &
faire reconnoître toutes les fausses religions
de l'Univers.

La vérité est émanée de Dieu, elle
est une, c'est son caractère essentiel; par
conséquent, il ne peut y avoir qu'une
seule religion véritable; & c'est une erreur déplorable, de chercher la religion
des hommes ailleurs que dans l'unité. Ce
principe posé, il faut conclure avec un
homme célebre: (1) „ que toutes les di-
„ verses religions, prétendues révélées,
„ qui différent entr'elles, sont tout né-
„ cessairement fausses, hormis une seule."
Tous se réduit donc à reconnoître la véritable, d'une maniere si sensible, qu'il
ne soit pas permis de s'y méprendre.

Selon les règles de la raison, cette
unique religion n'a pu être instituée que

---

(1) Pascal.

H 6

pour l'homme ; elle a donc dû paroître & commencer avec l'homme : fon origine doit tenir néceffairement au principe dont elle eft émanée, & au fujet pour lequel elle a été inftituée. Le principe, c'eft Dieu ; le fujet, c'eft l'homme. Une idée auffi raifonnable .une fois admife, jettons les yeux fur les faftes du monde : nous verrons d'une part l'hiftoire des Nations varier fur l'époque & l'origine de toutes les religions, & de l'autre, nous verrons le Chriftianifme feul nous préfenter une révélation qui remonte au premier homme ; elle feule eft donc la religion que le Ciel deftinoit à l'homme : & toute autre qui ne vient point à l'appui de cette primitive révélation ne peut être qu'une inftitution purement humaine, & par ce figne feul, une religion manifeftement fauffe.

A peine le Vieillard avoit-il fini de parler, Arfenne me propofa de nous retirer dans mon appartement, pour continuer l'ouvrage que nous avions entrepris ;

Méfophée fut curieux de favoir quel pouvoit être l'objet de nos travaux ; Arfenne lui apprit que nous étions dans l'ufage de fixer tous les jours fur le papier, les objets effentiels de nos conférences, & que nous efpérions nous fervir de tous fes differens matériaux pour rédiger un jour des mémoires utiles à la religion ; le Vieillard fut enchanté, il applaudit à notre projet, & nous dit qu'il efpéroit enrichir encore notre rédaction de nouvelles preuves intéreffantes.

TRADITION,

OU

PREMIERE REVELATION.

JE retraçois à ma mémoire les grands principes contenus dans la religion du Vieillard, quand je l'apperçus. Je suis porté à croire, lui dis-je, en l'abordant, que votre religion eſt la véritable; il eſt certain qu'en conſidérant l'état des choſes, le ſpectacle que le Chriſtianiſme nous préſente, eſt un prodige toujours ſubſiſtant, qui publie ſans ceſſe ſon authenticité dans tous les ſiécles. Mais tous les hommes uſent-ils des forces de leur raiſon, & quand ils s'en ſerviroient, la multitude peut-elle jamais atteindre à des preuves ſi relevées, & vous conviendrez avec moi que le ſalut n'eſt point la récompenſe d'un raiſonnement ſubtil & profond.

Vous avez bien raifon, me répondit le Vieillard; auffi la foi tient elle beaucoup plus au cœur qu'à l'efprit; mais Dieu ne permet point que nous foyons tourmentés malgré nous par des doutes infuportables. Les preuves qu'il nous donne de fa religion, font auffi variées que les efprits, & répondent à la différence des caractères, & comme les preuves de fait font plus à la portée du commun des hommes, jamais hiftoire ne fut mieux prouvée que celle d'une création, d'un premier crime & des promeffes d'un Rédempteur.

Mais avant de vous développer ces preuves, je veux fuppofer que vous n'admettez encore qu'un Dieu créateur du monde & de l'ame humaine, quand votre raifon ne vous auroit malheureufement appris que cette vérité que l'on croit prefque en naiffant; feriez-vous éloigné de penfer que le premier homme, en recevant l'intelligence avec la vie, dût connoître fon bienfaiteur, lui obéir &

l'adorer ? Croiriez-vous qu'il oublia de raconter à fes enfans les merveilles dont il fut l'objet & le témoin?

Les premieres générations touchoient à leur origine. Ces évènemens une fois gravés dans la mémoire des premiers hommes, fans doute ils furent long-tems fans vouloir & même fans pouvoir les traveftir & les altérer ; à mefure qu'ils s'avançoient fur la terre, leur tradition s'étendoit avec eux, & jamais on ne croira que le monde ait pu, dans la fuite oublier totalement fon hiftoire.

Vous favez que felon la tradition la plus conftante, Noé repeupla la terre; la chaîne qui le lioit au premier homme, n'étoit pas immenfe, il en voyoit pour ainfi dire les deux extrémités ; mais s'il dut, comme vous n'en doutez pas, raconter fans ceffe à fes enfans ce qu'il avoit appris de fes peres; vous fentez bien que leurs fucceffeurs ont dû, par la même raifon, tranfmettre jufqu'à nous, le fouvenir des malheurs qui commencerent avec le genre humain.

Il est vrai que cette premiere histoire dût s'altérer à mesure que les peuples se dispersoient dans des climats différens; mais parmi les fables & les erreurs des traditions humaines, ce qu'elles embrouillent & défigurent ne doit-il pas conserver un certain caractère de vétusté & de vérité qu'un jugement sain ne pourra jamais méconnoître?

Au surplus, si l'on excepte quelques nations sauvages, sur la créance desquelles nous ne pouvons rien affirmer, vous savez que les peuples ont toujours adoré un Dieu ou des Dieux. Cette réflexion doit affliger une certaine classe de vos Philosophes, car ils ne peuvent éviter ou d'admettre une révélation ou de s'arrêter à la nature; s'ils s'arrêtent à la nature, ce seroit convenir encore d'une religion naturelle qui faisant partie de nous mêmes seroit toujours ancienne comme l'Univers.

Mais tandis que la droite raifon nous
montre un culte naturel, les opinions &
les mo-umens publient & conftatent l'exiftence d'une loi révélée : nous retrouvons
les premiers objets de notre foi dans les
fables des Poètes, dans les fyftêmes des
Philofophes, dans les annales de tous les
peuples. Objecteriez-vous qu'un fyftême
de révélation fut une de ces chimères pro-
duites dans l'ignorance & l'enfance du
monde ; mais faites attention que cette
loi révélée, fortie, felon vous, des ténèbres & de la ftupidité, nous préfente des
notions fublimes de la nature divine ; il
faudroit donc que vous crufliez en même-
tems que la fimple & noble idée d'un
Etre jufte & Créateur, peut nous paroître
tout à la fois, la perfection de la fageffe
& le comble de la démence.

Au refte, permettez moi de fuppofer
pour un moment la vérité des faits rap-
portés dans les livres de Moyfe. Dans le
fond, feriez-vous révolté d'y trouver la
créance d'un Dieu qui pourfuit le crime

& l'injuftice ? Seriez-vous fâché d'apprendre en même-tems que le Souverain des
efprits qui nous forma à fon image,
daigna fe révéler fenfiblement à des créatures qui tenoient de fa bonté un efprit
& des fens ? Et fi par hazard, vous étiez
furpris de trouver auffi dans ces antiques
annales la défobéiffance & l'ingratitude
des Peres du genre humain ; pour rendre
à vos yeux cette chûte plus que vraifemblable, écoutez alors votre confcience,
regardez vos actions & celles de vos femblables ; & après avoir apperçu le crime
qui nous perd, n'êtes-vous pas heureux
d'entrevoir l'efpérance qui nous refte ?

Mais revenons à notre hypothèfe, &
fuppofons pour un moment la vérité de
nos livres facrés. Examinons dans cette
fuppofition ce qui dût arriver (les hommes
étant ce qu'ils font) nous verrons enfuite
ce qui a certainement été.

Ne trouvez-vous pas qu'on ne peut
confidérer les chofes dans l'état où je
viens de les fuppofer fans voir fortir d'une

même tige deux religions femblables &
différentes, l'une grande & vraie dans
tous fes points ; l'autre, raifonnable & in-
fenfée, vraifemblable & révoltante, parce
que le vrai fe mêle fouvent avec le faux ;
la première commence avec le monde ; la
feconde, auffi ancienne que la corruption
du cœur de l'homme, fe divife en une
infinité de branches ; elle fe complique
& s'avilit à mefure qu'elle fe répand. La
religion du Ciel paroît fimple, majeftueufe,
immuable, mais progreffive comme nos
befoins & nos lumieres ; elle fe développe
& fe perfectionne fans plier fous le poids
des paffions & des circonftances, au lieu
que la religion des hommes fe conforme
fans ceffe aux intérêts & aux caprices des
Peuples & de leurs conducteurs. Delà,
tant de religions & de fyftêmes ; cependant comme toutes les religions ont une
fource qui leur eft commune, elles doivent
néceffairement conferver des liens & des
rapports qui montreront toujours ce qui
les fépare & ce qui les réunit.

Eh bien ! ce qu'une fimple & droite raifon nous fait néceffairement prévoir, n'eft-il pas arrivé de point en point ? Les détracteurs de la raifon & de la foi ; vos Philofophes, ne conviennent-ils pas qu'on trouve par-tout les triftes veftiges d'une prétendue révélation, qui felon eux, paffe pour être au moins très-ancienne ; vous avez dû lire fouvent dans leurs ouvrages, que cent religions qui commencent les unes après les autres, répandirent toujours un déluge de fuperftitions puériles & pernicieufes, dont la fource fe perd dans la plus haute antiquité. Ils écrivent même qu'elles ont avec celle qui dût les précéder, des rapports marqués qui font plus ou moins fenfibles à mefure que leur établiffement fe rapproche ou s'éloigne d'avantage de ce qu'ils appellent ordinairement les premieres erreurs & la premiere démence du genre humain.

Mais indépendamment de ce qu'ils croyent & de ce qu'ils nient, s'il eft vrai qu'en fuppofant la divinité de nos livres, on voye néceffairement que les chofes ont dû fe paffer enfuite, comme elles fe font effectivement paffées ; je foutiens alors qu'en voyant la fuite inévitable des faits admis par fimple hypothèfe , l'hypothèfe devient elle-même un fait inconteftable.

Hélas ! que nous fommes habiles à éloigner tout ce qui peut éclaircir les doutes qui nous féduifent. Par exemple, comment pourriez-vous oublier que vous lifiez tous les jours dans les écrits de nos penfeurs modernes que les débris de l'hiftoire des Nations , les fables des Poètes, les mémoires des voyageurs , la croyance des peuples fauvages & policés , tout annonce un premier culte plus fimple & plus unanime.

— Je voulus pour lors objecter que ces écrivains nous oppofent pourtant la variété des traditions forties d'une même fource.

Il y a long-tems que je fais , répondit le Vieillard , que nos adverfaires fe contredifent fouvent ; ils ne fentent pas qu'en donnant à toutes les religions une même origine, les variétés qu'ils nous reprochent enfuite , nous plaifent infiniment ; car elles ajoutent la force prodigieufe des témoignages les plus variés à celle qui réfulte déjà de la nature de nos livres & de l'enchaînement des principes & des faits qu'ils renferment. Je fais auffi qu'après avoir calomnié les Philofophes eftimables , les Hiftoriens accrédités , & je dirois prefque le genre humain , ils préfèrent tous les jours des rêveurs obfcurs à des légiflateurs authentiques, car ils oppofent froidement une chronologie fans vraifemblance à celle qui les guide fouvent eux-mêmes, quand ils écrivent l'hiftoire des premiers tems. Il eft vrai qu'ils fe démentent adroitement devant des lecteurs prévenus & peu inftruits ; ils affectent l'étalage le plu- faftueux d'une fcience profonde ; leurs difciples publient en même-tems qu'ils favent toutes les langues ; quelquefois on fe perfuade que l'opiniâtreté de leur travail leur

a fait découvrir ce qu'ils ont paisiblement
compilé dans *Varburton*, *Marsham*, *Jac-
quelot*, dans le pauvre *Pluche* lui-même,
qu'ils ne décrient si cruellement, que
parce qu'il l'ont copié servilement; voilà
leur art, car leur véritable science n'est
que la notre qu'ils obscurcissent ou qu'ils
corrompent. Ils savent, suivant les circonstances, la prendre, la quitter ou la tra-
vestir. S'agit-il d'affoiblir la vénération
que nous inspire un récit qui semble remonter à l'origine des choses, ils nous
opposent alors l'antiquité de quelques fragmens, toutesfois moins anciens que nos
livres; ils semblent triompher de n'y trouver qu'en partie, ce qui a pourtant dans
la Bible un autre accord & une autre suite;
c'est ainsi qu'ils confirment, sans y penser, ce que Moyse nous apprend des sacrifices de reconnoissance & d'expiations; ils
daignent souvent nous avertir qu'on offrit
de tous les tems aux Dieux irrités contre
les hommes, les fruits de la terre & le
sang des victimes: ils nous répétent aussi
qu'après

qu'après le facrifice, on faifoit un repas
en commun, pour faire tous les jours fouvenir les habitans d'un même univers, dè
leur origine commune & de leur premiere
égalité. Ils affurent que tous les peuples
ont célébré de tous les tems le feptieme
jour de la femaine, en mémoire fans doute
d'un grand évènement ; ils favent très-bien
que les plus anciens Auteurs ont regardé
cet antique ufage comme un mémorial de
la création ; ils ne peuvent ignorer que
cette explication eft prefque univerfelle-
ment reçue des Philofophes & de tous
les peuples.

Il y a plus, ils conviennent aujourd'hui
avec un célèbre défenfeur de leur malheureux fyftême, (1) de l'ancienneté des
fêtes inftituées en commémoration du
déluge : tant ils font perfuadés (je ne puis
affez le répéter) de l'unité d'un premier
culte & d'une premiere tradition qui re-

____

(1) Boulanger.

Tome II.   I

monte à l'origine des chofes; & ce même Écrivain que nous venons de citer, ob-ferve, d'après Plutarque: „ Que la fim-„ plici é & la grandeur de cette premiere „ croyance fe manifeftoient encore dans „ les myftères de la bonne Déeffe, lorfque „ Plutarque écrivoit fon hiftoire. ''

Pourquoi enfin ce repas en commun? D'où peut venir cette pratique atten-driffante qui nous rappelle que nous fom-mes freres, & que celui qui nous a donné l'ê.re, nous ordonne, dès le commence-ment des chofes, de nous fecourir & de nous aimer? Pourquoi célèbre-t-on le dernier jour de la femaine dans tout le monde connu? Pourquoi enfin les Nations les plus ignorantes voyent-elles depuis fi long tems que cette fête fut deftinée à rappeller aux hommes le repos fublime des Dieux?

Le favant Ecrivain dont nous venons de parler, pouvoit ajouter aux curieufes recherches dont fon livre eft rempli, que

les Hiftoriens qu'on nous oppofe, font
pour la plûpart les témoins que nous recla-
mons; par exemple, Berofe, Sanchonia-
ton, Manethon, Diodore de Sicile, &c.;
Berofe furtout à qui l'on attribue une hiftoire informe des Peuples de Chaldée,
s'accorde, comme on le fait, en beaucoup
de chofes avec Moyfe, car il parle comme
l'Hiftorien facré de la longue vie des
premiers hommes, de leur perverfité, d'un
déluge qui engloutit une race impie & fa-
crilége; il prétend même que l'arche s'arrêta fur une montagne d'Armenie, &
qu'on en voyoit encore les débris, lorfqu'il écrivoit fon hiftoire. Enfin, Abdié-
nus, Appollodore, les Mages de Chaldée,
& tant d'autres Hiftoriens, la plûpart féparés par des mers; tous ont dit, fans
pouvoir fe copier, que la Chaldée, l'E-
gypte, & les pays circonvoifins, furent
d'abord fucceffivement gouvernés par des
Rois qui vécurent plufieurs fiécles. Ils
prétendent tous que le déluge arriva fous
le règne de Xiturus, que l'on cita tou-

jours (quelque nom qu'on lui prête) pour le dixieme Roi, comme Noé , felon nos livres faints , étoit le chef de la dixieme génération depuis le premier homme. Mais ce qui vous furprendra davantage de la part de nos adverfaires, c'eft qu'ils répétent comme nous, pour conclure contre nous ,, Que dès le commencement on ,, adoroit la Divinité dans un fanctuaire ,, féparé, que les premiers Peuples qui ,, vivoient comme des voyageurs, avoient ,, un coffre portatif, où l'on renfermoit ,, les inftrumens confacrés au fervice ,, divin. '' Comment donc ofent-ils reprocher à Moyfe d'avoir adopté cet ufage univerfel? Et ne craignent-ils pas furtout, qu'on leur demande comment des Peuples féparés par des mers & des contrées inhabitables, ont toujours fait à peu près les mêmes rêves?

Mais fans attendre leur réponfe, je fuis bien fûr que vous dites en vous même, l'unité d'une premiere religion explique

celle des obfervances, & l'ancienneté d'un
culte dont les débris fe retrouvent partout, prouve rigoureufement une premiere religion, un premier peuple, une
premiere famille & un premier légiflateur.

Au refte, quand vous n'aurez fimple-
ment devant vos yeux que les faits dont
vous n'avez jamais pu douter, je fuis
certain qu'en les réuniffant, vous en verrez
encore fortir quatre vérités frappantes &
décifives.

La premiere, c'eft qu'il eft impoffible
que tous les peuples n'ayent pas puifés
à la même fource, leurs loix, leurs religions, leurs fyftêmes & notre premiere
tradition.

2°. C'eft qu'on ne peut foupçonner
un concert d'impofture parmi ces peuples, puifqu'ils ont altéré fucceffivement
& diverfement, le fond d'une même
croyance, laquelle fuppofe un moment
où elle fut plus fimple & plus unanime.

3°. C'eſt que la différence des climats, des circonſtances, la corruption & le délire des eſprits & des cœurs ont dû néceſſairement obſcurcir & défigurer le fond d'une premiere tradition (1).

Enfin, la quatrieme vérité, auſſi frappante que les trois premieres, c'eſt que s'il exiſte un peuple qui ait feul conſervé

____

(1) Je ſoutiendrois même, qu'à moins d'un miracle toujours ſubſiſtant, notre tradition ne pouvoit ſe conſerver partout pure & ſans altération; il ſuffit qu'elle nous annonce elle-même ce progrés des erreurs & de la demence d'une race perverſe & inſenſée. Eh! comment l'ignorance, le tems & les paſſions humaines n'auroient elles pas amenés ces mêmes changemens dans la religion comme dans les meurs, dans l'hiſtoire & dans les loix politiques; il faudroit donc que les hommes fuſſent d'une autre trempe, pour ne pas violer & corrompre en même-tems la vérité des faits & des principes, car en reſtant tels qu'ils ſont, le contraire de ce qu'ils ont fait ſeroit en vérité contradictoire à leur nature.

ce qui s'accorde le mieux avec l'antiquité
& la faine raifon, fi malgré le fanatifme
& la groffierté de ce peuple extraordinaire, il nous garantit la Divinité d'un
culte que malgré fes infidélités multi-
pliées, il regarda toûjours comme une loi
donnée par Dieu même : Si ce culte plus
fimple & plus grand que tous les autres,
proclame un Dieu moteur & créateur des
chofes, qu'il faut aimer plus que foi-
même ; fi cette étrange Nation conferve
un livre qui condamne ce qui nous révolte le plus dans les coutumes & les opinions de tous les peuples du monde, s'il
raffemble en même tems ce que leur
croyance & leur hiftoire nous offrent féparément de plus noble & de plus raifonnable ; s'il remplit les vuides qu'on y
trouve ; s'il explique les contradictions
qu'on y rencontre s'il réunit & complette
ces membres épars & mutilés, n'eft-il
pas évident que ce livre fameux nous conferve l'hiftoire & la réligion des hommes
dans fa premiere intégrité?

I 4

Pour moi je regarde ces livres dictés par Dieu même, comme un or pur & fans mélange ; partout ailleurs j'entrevois ce même or altéré & prefque recouvert par des métaux impurs & groffiers ; pour parvenir à ce faire le dépouillement & la féparation, imaginons un procédé bien fimple, (car la raifon à fes procédés comme la chimie). Raffemblez les parties éparfes & défigurées, féparez-les de l'alliage qui les dénature, rejettez tout ce qui n'a pas la même confiftence, les mêmes caractères de vraifemblance, & vous retrouverez cet or pur que vous cherchez.

Suis-je capable, lui répondis-je, des recherches & de la précifion qu'exige un procédé de cette efpèce ; je me figure pourtant que je pourrois (avec votre fecours) rapprocher aifément ce qui paroît le plus ancien & le plus raifonnable, ou plutôt le moins infenfé, en retranchant les contradictions palpables qui rompent l'unité de l'enfemble, peut être qu'on verroit.....

Vous m'avez deviné s'écria le Vieillard; essayez de faire un jour vous-même ce que vous me demandez à présent, car il me semble que l'on n'oublie point les leçons qu'on se donne soi-même, comme on oublie celles que l'on reçoit. Parcourez seulement l'histoire des premiers siécles, lisez quelques Auteurs anciens, consultez les fables des Poètes, les annales des Peuples, les opinions des Philosophes; ne vous contentez pas de rassembler sous le même point de vue des faits célebres & importans; choisissez encore parmi leurs circonstances celles qui semblent avoir le plus de vraisemblance & d'authenticité; vous ne sauriez avoir trop d'égards pour les opinions qui s'expliquent les unes par les autres, vous retrancherez ces absurdités frappantes & isolées qui choquent également la tradition la plus commune & le bon sens le plus grossier; vous conserverez ce que vous verrez toujours reparoître sous des traits différens. Par exemple, mettez à part, si je puis parler ainsi, l'opinion commune d'un monde créé, tant de fois rappellée dans les livres anciens ; mais il faut encore extraire, parmi les circonstances de cette étrange création, ce qu'en ont pensé les Historiens & les Philosophes anciens & respectés. Combien de fois vous allez trouver la chûte d'Adam & d'Eve, plus ou moins défigurée & souvent toute entiere, surtout dans les vers orphiques dont on connoît l'antiquité ; vous verrez bientôt que la séduction du serpent précéda la boète de Pandore, & vous reconnoîtrez dans des fragmens plus anciens qu'Homère, l'histoire du déluge avec certains détails qu'on trouve aussi dans la Genèse. Certainement vous préférez un monde, renouvellé par voie de génération, à la fable des hommes produits par le limon du Nil, & à l'histoire de Deucalion & de Pyrrha. Quant à la date des évènemens qui touchent au commencement des choses, vous choisirez cette ancienne chronologie que le savant Varon opposoit autrefois avec tant de succès aux Disciples

hardis de Socrate & de Zenon. D'ailleurs,
vous en croiriez aux marbres de Paros,
tant eftimés de vos Philofophes, plutôt
qu'aux calculs Chinois qu'ils nous oppofent
à chaque inftant (quoique le peuple dont
ils s'étayent, raconte, ainfi que nous,
un déluge univerfel;) vous trouverez auffi
dans des Auteurs profanes, la naïve &
touchante peinture d'un premier état d'innocence, tel que Moyfe nous le décrit de
ce ton fimple & majeftueux qui perfuade:
& je ne crains point que vous adoptiez de
préférence ces peintures molles & puériles,
qui n'ont point d'ailleurs la même antiquité. Je crois vous voir encore comparer
la fable des Géans avec l'hiftoire de la
tour de Babel, & de la difperfion des Peuples; vous dites: il fut un tems où les
hommes ne formoient qu'une immenfe
nation, réunis par les mêmes loix, gouvernés par les mêmes chefs; le jour de
leur premiere féparation eft une époque
mémorable, il doit avoir laiffé dans leur
fouvenir des traces que le tems n'a point

effacées ; eh ! comment pourroit-on oublier la caufe & les circonftances d'un évènement de cette nature ? Il eft vrai qu'on en parle diverfement ; mais la premiere verfion, quoiqu'altérée , eft moins ridicule que la feconde, & la feconde qui défigure le même fond , ajoute encore à l'authenticité de la premiere. Combien de fois vous allez dire : que de grandeur & de petiteffe ! quels rapports ! quelles contrariétés ! quel défordre ! quelle interruption dans la chaîne des faits & des perfonnages ! quel défert de chronologie !... Au refte vous aviez prévu ce défordre & cette harmonie en voyant fortir d'une même tige toutes les religions qui devoient remplir le monde entier ; mais en faifant ces réflexions, vous voyez infenfiblement reparoître l'ordre & la vraifemblance ; car ces matériaux difperfés ne demandent qu'à fe réunir. Eh ! comment ne joindriez-vous pas aux fautes & aux malheurs du monde naiflant, la promeffe d'un Rédempteur que vous trouvez avec un des plus célébres défenseurs de l'incrédulité, (1) dans les histoires & les observances des Peuples anciens & nouveaux. Je dis plus, vous reconnoissez en quelque sorte la vive lumiere & les saintes obscurités des oracles de nos Prophètes, dans l'idée générale & confuse d'un évènement considérable, car vous trouverez partout ,, la crainte du ,, grand Juge, la promesse d'un Sauveur ,, du monde, un règne de paix & de ,, justice, & l'attente universelle d'un ,, homme puissant & singulier. ''

A mesure que vous avancerez, les nuages disparoîtront, vous verrez plus distinctement les premiers pas du genre humain; vous trouverez l'origine des empires fondés par les enfans de Noé (car on les reconnoît toujours quelque nom qu'on leur donne. (2) Que dis-je, vous retrou-

____

(1) Avec ce même Boulanger.

(2) D'ailleurs ne seroit-il pas du dernier ridicule de prétendre qu'ils doivent conserver leurs propres noms dans les différens pays ; la diver-

verez jufqu'aux premiers ancêtres du peuple Juif, dans ces hommes d'un cœur pur, qui vivoient comme des voyageurs fur la terre ; car il eft peu d'anciens Auteurs qui n'aient parlé de ces premiers juftes & des prodiges que le Ciel opéroit en leur faveur. Peut-on ne pas admirer l'éclat de leurs fimples vertus en voyant les Payens après quatre mille ans, jurer encore devant leurs Céfars, par le Dieu d'Abraham & de Jacob ? (1)

Je me contente de marquer à grands traits ce que vous pourrez exécuter avec une précifion qui pourtant n'eft pas néceffaire ; car pour peu que vous fuiviez cette méthode que vous avez fi bien faifie, le réfultat fera toujours le même ;

----

fité des langues a dû néceffairement produire des changemens de noms.

(1) Les Payens dans leurs exercices, juroient par le Dieu d'Abraham, d'Ifaac & de Jacob.

enfin, je veux encore que par un effort
d'efprit, vous ayez prefque oublié Moyfe
& fon hiftoire; que refultera-t-il? C'eft
qu'en lifant la votre, vous verrez reparoître la fienne toute entiere, ce fera fon
enfemble, fes détails, & prefque fon ftyle;
je finis par une comparaifon fenfible; ima-
ginez que ce chef d'œuvre de la Grece,
la ftatue d'Appollon que l'on voit à
Rome, fut brifée en mille morceaux, &
que tous ces membres épars ne préfen-
taffent plus à nos yeux qu'un corps informe
& mutilé, dont cependant des ouvriers
ignorans & barbares auroient formé un
tout, en y joignant des membres mon-
ftrueux & groffiers, & que par un hafard
heureux on découvrit dans le fein de la
terre, une tête pleine de graces & de majefté, des jambes, des bras & une quan-
tité de morceaux du même marbre; que
penferiez vous, fi en faifant difparoître
tout ce qui feroit étranger à cette célebre
ftatue, tous les membres divers que l'on
auroient trouvés, s'adaptoient merveil-

leufement à ce corps informe, & que par un accord & une harmonie parfaite, il en réfultat un enfemble admirable qui offrit à nos regards un des plus beaux ouvrages des hommes ? Pourriez-vous douter que cette ſtatue, ſi finie & ſi admirable dans ſes proportions & dans ſon enfemble, ne fut ainſi ſortie des mains de ſon auteur ?

Telle eſt la tradition de Moyſe tel eſt cet or pur & ſans mélange, une partie de ce métail précieux s'eſt toujours conſervé chez tous les peuples diſperſée ſur la terre, quoique méconnoiſſable & recouvert par des métaux impurs & groſſiers. C'eſt ainſi que l'on peut réparer cette eſpèce de coloſſe informe que chaque Nation a conſtruit, ſuivant ſon caractére & ſon climat, d'après un fond qui eſt partout le même. Chacun des ſes aſſemblages monſtreux diffère plus ou moins de tous les autres, & reſſemble plus ou moins à chacun d'eux.

En effet, m'écriai-je il eſt ſingulier qu'un peuple explique auſſi raiſonnable-ment les pratiques & les opinions au-jourd'hui répandues dans le monde entier; il nous préſente un genre de théodicée, dont les parties faites les unes pour les autres, ont une harmonie incompréhen-ſible.

Ce n'eſt pas tout encore, me dit Mé-ſophée; comment les premiers légiſlateurs ont-il ſi bien profité de tant de loix & de cérémonies utiles ou pernicieuſes? Il eſt étonnant qu'ils ne ſe ſoient approprié que des pratiques non ſeulement eſſen-tielles à l'économie moſaïque, mais encore (comme le remarque très-bien les fameux Boulanger) évidemment figuratives de quelque choſe de plus noble & de plus important; en effet, on ne peut diſ-convenir que dans quelque eſprit qu'on les ait inventées, elles figurent trés di-ſtinctement une religion qui reſſemble beaucoup à celle de J. C. Cet accord eſt d'autant plus étonnant, que ces obfervances confidérées féparement, femblent d'abord inutiles & arbitraires. Pourquoi d'ailleurs cette Nation feule, entre toutes les autres a t-elle cru de tous les tems un Dieu unique & créateur, & fi l'on refufe d'en convenir, pourquoi fes inftituteurs n'ont-ils choifis que des obfervances qui profcrivent ou préviennent l'idolatrie & fes crimes?

Obfervez, me dit le Vieillard ce Peuple ifolé : fon étonnante conftitution, fa conftante opiniâtreté empêchent que fon fang ne fe mêle avec celui des Nations. Il m'écoutut & dédaigna toujours leurs loix & leurs cérémonies, cependant, s'il n'eut pas été le feul dépofitaire de cette loi divine, il eût fallu alors les étudier & les approfondir, pour choifir le culte le plus noble & le plus fage en apparence; pour y adapter une morale fi capable d'expliquer & de guérir la corruption du cœur de l'homme; il falloit fe concilier à plufieurs égards, avec la foule des Na

tions, en différer à propos ; il falloit
même pour élever ſa religion au-deſſus de
de toutes les autres ; il falloit, er remon-
tant aux premiers jours du monde, nous
offrir un tableau dont l'aſpect nous préſenta ce qui fut , ce qui eſt & ce qui
doit être.

Je conviens, dis-je au Vieillard, qu'on
ne peut offrir à la raiſon des conſéquences
plus vraiſemblables ; cependant nos Philoſophes prétendent expliquer ces facheuſes
uniformités ſans admettre une premiere
révélation , ils diſent ,, que les Prêtres
,, de l'Egypte & de la Paleſtine purent
,, infecter l'Univers de leurs chimères &
,, de leurs menſonges ; attendu que ces
,, Peuples, plus anciennement policés,
,, devoient néceſſairement les inſtruire ou
,, les égarer. " J'avoue néanmoins que
cette raiſon n'eſt qu'une pure aſſertion
de leur part, & je ne conçois pas qu'avec
tant de ſavoir, nos Philoſophes....

Demandez-leur, reprit le Vieillard, en m'interrompant, s'ils fuppofent lés Nations déjà difperfées quand elles reçurent un culte & une religion.

— Certainement ils ne feront point embaraffés : ils vous répondront, que de fréquentes émigrations avoient déjà fait éclore un eflàim de Peuples & de gouvernemens qui différoient les uns des autres à raifon des circonftances & des climats.

— Eh! bien, ce feroit donc immédiatement après la formation de ces nouveaux empires qué le genre humain pût adopter les fables des Juifs? Mais vous fentez bien que les Nations qui touchoient encore à leur premiere origine, ne purent mutuellement fe tromper ni s'inftruire, parce qu'elles devoient conferver à peu près le même culte, les mêmes témoins & les mêmes preuves.

Ofera-t-on affirmer que tous les hommes avoient en le tems de perdre entièrement de vue leur hiftoire, quand les Nations re-

coururent aux traditions du peuple Juif?
Mais s'il eſt évident d'une part que chaque
peuple a travaillé diverſement, il n'eſt pas
moins certain qu'ils ont tous choiſi le fond
des livres de Moyſe, & ſi cette premiere
tradition divine n'avoit été celle de leurs
Peres, imaginera-t-on qu'ils l'euſſent pré-
férée à leur propre créance & à celle de
leurs ancêtres? car il eſt indubitable que
les hommes de tous les tems ont toujours
eru quelque choſe.

— J'imaginai cependant pouvoir tenter
encore d'expliquer ce phénomène, en ſup-
poſant que les traditions de tous les Peuples
reſſembloient aſſez à celle des Juifs, au
moins à quelques égards, pour s'y accom-
moder à pluſieurs autres; mais le Vieillard
me dit en s'impatientant, vous ne voyez
donc pas qu'en avouant que les religions
& les hiſtoires ont toujours eu des rapports ſenſibles avec celles du peuple Juif,
vous avouez pour la troiſieme fois l'unité
& la vérité des faits que l'on conteſte....
Il n'y a point de milieu, comme on ne

peut expliquer dans aucun fyftéme les ref-
femblances & l'uniformité dont vous convenez, il faut nous croire, ou pouffer
l'extravagance, jufqu'à affirmer qu'il fut
des fiécles pendant lefquels des hommes
qui n'avoient aucun point de raillement,
imaginerent par hafard, & chacun de leurs
côtés, les mêmes rêves, que dans la fuite,
ils déguiferent diverfement, ce qui en vérité n'exige aucune réponfe.

Je me vis forcé d'avouer enfin qu'il falloit rejetter une hiftoire & une Philofophie
qui renverfe l'hiftoire & la raifon, furtout
en convenant, comme nos Philofophes en
conviennent, de l'antiquité d'une premiere
tradition. D'ailleurs, ces critiques n'ignorent pas (puifqu'ils l'obfervent eux-mêmes
dans leurs écrits) que les Peuples ne pouvoient, ni fe tromper, ni s'inftruire avant
que les fciences & les arts euffent fait un
certain progrès, &. le moyen, en effet,
d'aller mentir dans tous les coins de la
terre, avant qu'on fçut écrire fur l'écorce

d'un hêtre & qu'on fût en état de navi-
guer fur un lac.

C'eft envain, repliqua le Vieillard, que
nous voyons des fophiftes hardis fe débattre
& repouffer la vérité ; ils appercevront
toujours les redoutables traits d'un fimu-
lacre antique, défiguré, coloré d'âge en
âge par des Rhéteurs & par des Poètes,
qui comme ceux de nos jours, écrivoient
à leur gré l'hiftoire du monde & celle de
leur tems.

Au refte, tout ce que nous dirions encore fur cet objet important, n'ajouteroit
rien à la force des preuves, car l'évidence
eft incapable du plus ou du moins.

Mais n'êtes vous pas étonné des écarts
d'une raifon qui éteint fa propre lumiere
pour échapper à celle de la foi? Par quelle
fureur d'extravagance ces raifonneurs, fi
févères avec nous, font-ils entr'eux affez
faciles pour admettre à la fois tant d'hypo-
thèfes contradictoires? J'ai toujours foup-
çonné qu'ils ne croyent pas à leurs livres ;

mais il faut que leurs profélytes foient doués d'un efprit bien docile , pour être de leur avis ; car il faut qu'ils croyent que des hommes déjà éclairés jufqu'à un certain point (puifqu'ils vivoient en corps de nation quand ils furent en état de comprendre les fables qu'on racontoit,) reçurent pourtant alors une fauffe hiftoire de leurs ancêtres dont ils n'avoient jamais oui parler à leurs Peres.

Il faut qu'ils croyent que des Juifs partout haïs & méprifés , font devenus en fait de morale & de religion, nos légiflateurs & nos maîtres ; il faut même convenir que ce peuple menteur & groffier, a furpaffé tous les autres dans la philofophie religieufe , malgré la profondeur & l'étendue des objets qu'on y traite.

Il faut qu'ils croyent qu'avant que les loix divines & humaines euffent policé le genre humain, les hommes avoient conçu les plus hautes penfées du Souverain Etre , de ce qu'il exige, de ce qu'on

lui

lui doit, & que néanmoins les premiers Peuples, fimples & fublimes dans leur foi, avoient befoin d'être éclairés par les fciences & les arts, pour s'abrutir enfuite fur les objets de la religion.

Il faut qu'ils croyent que des chimères univerfelles ont réuni de tems immémorial des efprits qui s'accordoient fans fe connoître.

Il faut qu'ils croyent que quelques-uns d'entr'eux formerent le deffein de fe communiquer leurs doutes & leurs lumieres, lorfqu'encore plongés dans leur premier fommeil, ils manquoient de motifs & de moyens pour fe chercher & fe rencontrer.

Il faut qu'ils croyent enfin, que tandis que l'hiftoire des premiers hommes devoit reffembler, comme l'obfervent nos adverfaires, à celle des ours & des léopards; leurs groffiers enfans entrevirent dans leurs Peres, une race de demi Dieux protégée par celui de la terre & du Ciel.

Tome II.   K

Voilà pourtant tout ce qu'il faut croire pour être un Philofophe moderne; convenez qù'une fi grande foi n'eft pas donnée à tout le monde.

Vous ne voyez cependant, continua le Vieillard, que la moindre partie des problêmes qu'il faut réfoudre, avant de nous oppofer une induction tant foit peu raifonnable; jufques-là ces fublimes réformateurs ne feront que fuppofer gratuitement; ils inventeront hardiment; ils fubftitueront conftamment à des miracles qu'ils difent incroyables, des miracles impoffibles; mais par malheur, combien d'efprits foibles les croiront fur leur Parole. Sans concevoir leurs principes, on fuivra leurs conféquences, & peut être qu'à force de lire & d'écouter, fans penfer à ce que l'on lit, & à ce que l'on entend; nous retomberons à la fin, d'un fiécle de lumiere, dans cet abîme d'obfcurité d'où nous fortîmes à la voix des premiers Philofophes.

Je viens de vous prouver une révélation mieux établie qu'aucun fait, car il
n'en eſt point qui ſoit entouré des mêmes
preuves. Les hiſtoires les plus certaines
ſuppoſent ſeulement quelques faits reconnus & avérés. Or, il faudroit ici qu'ils
fuſſent tous faux, pour que la tradition
de Moyſe ne fut pas inconteſtable ; cela
poſé, vous ſentez qu'il faut d'abord devenir néceſſairement Juif ou idolâtre, car
il faut croire, ou la tradition de Moyſe,
ou les mêmes faits publiés par tous les
Poètes & les Hiſtoriens du paganiſme.
Comme vous donnerez la préférence au
Légiſlateur des Hébreux, vous ſerez
bientôt Juif ou Chrétien ; mais je ſuis bien
ſûr que vous ne chercherez point chez
les Rabbins cette lumiere qui éclaira vos
premieres années ; car par malheur on
peut reſter Juif, mais on ne le devient
jamais ; j'oſe même avancer que tout
Juif d'un cœur ſimple qui cherche la vérité, la trouvera dans ſes livres & dans
les nôtres.

K 2

Je vais maintenant vous montrer, que d'après les feuls aveux que nous font les Juifs, d'après leur croyance, leurs livres & l'interprétation même qu'ils donnent à quelques-unes de leurs prophéties, la vérité de notre religion reftera démontrée, non-feulement aux Juifs, mais à leurs ennemis comme aux nôtres; & pour que mes points d'appuis reftent inébranlables, je ne choifirai que des vérités avouées & généralement reçues.

LES AVEUX

D'UN JUIF CONVERTI.

CHaque jour m'apportoit de nouvelles lumieres ; ma vénération pour le
Chriftianifme augmentoit fans ceffe ; une
tradition conftante & sûre me faifoit voir
toutes les fauffes religions de la terre
forties de cette fource primitive ; je les
voyois dans leur altération même , conferver des marques certaines de leur ancienne origine, & préfenter à mon efprit
l'authentique révélation du Ciel.

Nous nous rendîmes auprès du Philofophe : j'ai réfervé, me dit-il, jufqu'à ce
moment le plaifir de vous raconter l'évènement le plus agréable de ma vie. Je
voyageois avec un de mes amis dans les
provinces d'Efpagne & de Portugal. J'é-
tois à Lisbonne depuis quelque tems ; un
Juif & fon fils s'introduifirent un jour

K 3

dans mon appartement ; ils me propo-
sèrent les étoffes les plus riches des Indes
& de la Perse. Je fus frappé de la physio-
nomie du jeune Juif, elle me parut noble
& ouverte, ses regards étoient assurés &
modestes ; en un mot ; sa figure ne ressem-
bloit point à celles de sa Nation ; son pere
loua beaucoup sa sagacité, il m'apprit
qu'il étoit versé dans la loi, & qu'il faisoit
une étude particulière des écritures sacrées ;
après une légère conversation, il me fit
voir les plus belles toiles de l'Orient. Pendant que je les admirois, son fils proposoit
à mon compagnon de voyage des essences
de roses de Surate ; le marché se conclut,
& l'on dit au jeune Juif de déposer les
flacons achetés sur une grande table. Il
exécuta ce qu'on lui demandoit ; mais en
les plaçant, il apperçut un manuscrit ou-
vert que j'avois apporté dans mon voyage ;
son goût pour les livres l'engage à y porter les yeux ; justement il tombe sur des
réflexions très-fortes sur l'état présent des
Juifs ; je m'apperçus de son attention &

j'en fus enchanté. Les étoffes me parurent
plus belles, je les examinois avec un foin
particulier, & je tâchois de détourner
l'attention du pere, pour fixer plus long-
tems celle du fils : après avoir tout vu je
revoyois encore, je foufcrivois à tous les
prix ; mais enfin mes manœuvres épuifées,
le Juif s'apperçut que fon fils n'étoit occupé que de fa lecture ; il s'approcha de
lui ; à fon effroi, je préfumai que le nom
de *Jéfus* frappa fes yeux ; il ferma le livre
avec violence ; j'eus l'air de ne m'en point
appercevoir, bien réfolu de ne pas perdre
de vue un jeune homme dont le premier
abord m'avoit intéreffé ; je conçus les
plus belles efpérances ; je m'informai du
nom de ces Juifs ; je prétextai des com-
miffions à remplir, des achats à faire, &
furtout un defir extrême de voir leur Synagogue, & de connoître un Rabin qui
jouiffoit parmi eux d'une grande réputa-
tion. Le rendez-vous fut donné pour le
foir même ; le chef des Rabins étoit pré-
venu de ma vifite, & le marchand Juif

chargea fon fils de m'y conduire ; vous devez bien juger quel étoit l'objet de mes vœux, & combien de fois mon cœur les portoit au Ciel. Nous entrons dans la Synagogue ; Le Docteur de la loi parut, je me conciliai fes bonnes graces en lui parlant de l'antiquité de fon peuple & des grandes merveilles que le Ciel avoit opéré en fa faveur. Je parlai de la fubli-mité des Prophètes ; je me contentai feu-lement de foupirer & de m'écrier : quelle captivité ! quelle durée ! quel crime votre Nation a-t-elle commis ! Oui, fans doute, répondit le Rabin, le crime eft énorme : c'eft votre Chrift qui eft la caufe de nos cruelles calamités ; voilà le crime de la Nation ; il étoit Juif, & il a voulu fe faire adorer comme le Dieu d'Ifrael, pour fixer fur lui l'objet de nos plus importantes prophéties, qui nous annoncent que le Meffie doit être fils de Dieu, il a ofé s'appeller fon fils, il a perverti une partie de la Nation ; nous avons eu plufieurs faux *Chrifts* ; aucun, avant lui, n'avoit ofé

s'appeller le fils de Dieu ; il trouva moyen
de se glisser furtivement jusques dans le
Saint des Saints ; il enleva l'empreinte du
nom de Dieu qui y étoit déposée ; maître
de ce monument sacré que nul mortel
n'osoit approcher , la nature lui fut sou-
mise ; il surprit la Judée par ses miracles.

Quel fut mon étonnement , lorsque
j'entendis le jeune Juif s'écrier: y pensez-
vous, Rabin , d'attribuer à une pareille
cause les désastres de la Nation. Si le
Messie des Chrètiens étoit un imposteur,
nous l'avons puni de mort ; pouvions-nous
mieux satisfaire à la loi, qui nous ordonne
de faire périr les faux Prophètes ? Il n'est
aucun opprobre dont il n'ait été chargé
par nos peres ; pouvoient-ils lui faire subir
un plus cruel supplice ? Ce zèle religieux
devoit attirer sur nous toutes les faveurs
du Ciel , & cependant cet instant fatal est
l'époque de nos malheurs & de nos calamités ; il est tems que notre aveuglement
finisse. . . .

K 5

Le Rabin indigné lance fur lui d'affreux regards & vomit des blafphêmes. Le jeune Juif fe jette dans mes bras, & les larmes aux yeux, demande le Baptême.

Vous defirez favoir, fans doute, quel fut le fort de ce jeune Juif : il devint mon ami, il ne me quitta plus, & au moment où je vous parle, il eft devant vos yeux ; & en difant ces paroles, il tendit les bras pour embraffer mon cher Arfenne.

Ici finit le difcours du Vieillard ; Arfenne prit la parole :

Pardonnez, me dit-il, fi je vous ai célé mon avanture, j'ai cru devoir vous la diffimuler ; mais puifque vous me connoiffez, je dois vous développer les motifs de ma converfion, & vous apprendre par quel dégrés la raifon m'a conduit à la foi. Souffrez que je paroiffe encore Juif à vos yeux, je vous ferai connoître mes premiers fentimens, qui font, hélas ! ceux de ma Nation. Notre opiniâtreté, toujours la même, eſt plus ou moins ſenſible, ſuivant l'ordre & le caractère des hommes qui la compoſent. L'eſprit de nos peres étoit autrefois élevé par le ſouvenir toujours préſent de leur auguſte origine ; mais nous ſommes aujourd'hui tellement livrés à nous-mêmes, nos cœurs ſont ſi flétris par l'eſclavage, que ſe ſentiment noble & ſi propre à élever l'ame, n'eſt plus parmi nous qu'un vice indomptable, & pour ainſi dire, le déſeſpoir de l'orgueil ; voilà ce qui nous ſoutient contre les humiliations & les opprobres dont nous ſommes couverts ; nous nous regardons, dans nos malheurs, comme les enfans du Ciel, diſperſés parmi les Nations ; nous enviſageons dans nos fers les Princes de la terre, & les maîtres qui nous commandent, comme des eſclaves eux-mêmes, choiſis pour nous châtier & nous punir ; nous croyons que ces heureux uſurpateurs de nos biens ne doivent leur félicité qu'a l'exécution des décrets de Dieu contre ſon peuple ;

notre unique efpérance eft donc dans le
Libérateur qui nous eft fi fouvent promis
nous cherchons notre fort dans nos livres,
lifant fans ceffe les oracles qui paroiffent
nous flatter; notre refpect pour les prophéties nous fait trouver inintelligibles,
celles qui, contraire à nos defirs & à
nos penchans, ne font propres qu'à nous
humilier. La principale caufe de notre
ferme créance fe trouve dans ces paroles
de Dieu même.

„ Voici ce que dit le Seigneur, qui
„ fait lever le foleil pour être la lumiere
„ du jour, & qui agite la mer & qui
„ fait retentir le bruit de fes flots, fon
„ nom eft le Seigneur des armées; fi
„ les loix qui régiffent l'Univers peuvent
„ ceffer devant moi, alors la race d'If-
„ rael pourra ceffer d'être mon peuple."
(*Jerem.*, *ch.* 31. ℣. 35.)

Je voyois donc le peuple Juif immortel; Dieu l'appelloit fon peuple, & ce
titre fi glorieux ne pouvoit jamais lui
être arraché. Le Chrétien me dira-t-il

que nous fommes toujours fon peuple,
mais le crime les plus odieux nous tient
encore dans les fers, & qu'un jour nous
ferons pardonnés? Eh bien! je fuppofe ce
crime imaginaire; cherchons dans ce principe même la preuve de notre innocence.

Ce Dieu de juftice & de clémence
nous annonce qu'il ne pourfuivra jamais
dans les enfans le crime de leurs peres,
& qu'il ne punira point dans les peres
les crimes de leurs enfans.... A ces mots,
je fermai mes livres & je me livrai à nos
imprécations ordinaires ; je maudis les
Chrétiens , j'infultai leur Chrift ; le
croiriez-vous? De mon blafphême fortit
le premier trait de lumiere qui m'éclaira;
j'entrevis fur le champ que fi Jéfus de
Nazareth étoit le vrai Meffie , ma haine
& mes imprécations me rendoient coupable de fa mort, que mon cœur s'abreu-
voit de fon fang: je vis alors le crime
fe reproduire & fe perpétuer dans la Nation, & chaque Juif me préfentoit un
nouveau déicide.

Dans cette fuppofition (que j'étois cependant bien éloigné d'admettre) je n'étois plus étonné de l'énorme durée de notre fupplice, puifque nous reftions toujours coupable du forfait le plus attroce. Dans ces cruelles agitations, toutes mes idées réunit me préfenterent deux tableaux frappans; l'un le plus déplorable, l'autre le plus confolant; le premier fut l'état actuel des Juifs; je les vis dans toutes les parties du monde, courbés vers la terre, dans l'abjection & dans l'efclavage. D'après cet image, je conclus que nous étions coupables de quelque grand délit, & que ce crime devoit être un crime national qui pouvoit m'être inconnu, mais qui n'étoit rien moins qu'expié.

Le fecond tableau me préfentoit le peuple Juif éternel fur la terre, & voyant difparoître autour de lui jufqu'au nom des Nations; je le voyois réfervé pour être un jour comblé des faveurs de fon Dieu. D'après deux fituations fi oppofées, je jugeai que je ne pouvois m'éclaircir du crime de la Nation, qu'en méditant nos Prophètes; c'étoit sans doute recourir au grand Libérateur. J'allois retomber dans les ténèbres qui nous entourent, lorsque je fis réflexion que s'il existe des prophéties qui annoncent la fin totale de nos maux, il étoit aussi dans l'ordre des choses que ces mêmes prophéties désignassent l'époque de la cessation de toutes nos calamités, soit au moment de l'arrivée du Messie, soit par notre retour à ce même Messie s'il étoit arrivé, & par malheur nous l'eussions méconnu. J'ouvris encore le livre de nos Prophètes, & je lus:

„ Ne craignez point, ô Jacob! parce „ que je suis avec vous, je ferai revenir „ votre postérité de l'Orient, je la ras- „ semblerai du couchant; je dirai au „ septentrion, rends-la moi, & au midi, „ ne mets point d'obstacles à son retour; „ sois le guide de mes enfans, & le „ conducteur de mes filles." Voilà bien nos espérances, & qu'il est doux dans notre accablement, de penfer que nous fommes toujours les enfans du Dieu d'Ifrael..... Mais continuons cette prophétie: „ Sois le guide & le conducteur de „ mes filles qui reviennent à moi; faites „ fortir le peuple aveugle, quoiqu'il eût „ des yeux, & qui étoit fourd, quoiqu'il „ eût des oreilles, car je l'ai formé pour „ moi-même, & il publiera mes louanges." (*Ifaie*, *chap*. 143. ⅋. 68.)

Que fignifie ce retour? cet aveuglement? Les Chrétiens ne ceffent de nous annoncer que nous avons des yeux pour ne pas voir, & des oreilles pour ne pas entendre, & que nous retournerons un jour à leur Meffie, & que nous deviendrons fes enfans chéris, le Prophète parle fans doute de la captivité de Babylone & de notre idolatrie? Mais dans nos plus dures captivités, les tribus n'ont point été entierement difperfées la tranfmigration ne fut jamais univerfelle. Ici le Prophète nous apelle de quatre parties du monde & des extrémités de la terre,

cependant je doute encore ; rejettons cette
prophétie, & confultons en une autre.

„ Je répendrai fur la maifon de David
„ & fur les habitans de Jérufalem , un
„ efprit de graces & de prieres; ils au-
„ ront les yeux attachés fur moi, qu'ils
„ ont percé de playes ; ils pleureront
„ avec de grands gémiffemens celui qu'ils
„ ont bleffé, comme on pleure un fils
„ unique ; tout le pays fera dans les
„ pleurs ; une famille à part, & l'autre
„ à part." Quel peut être ce deuil général de la Nation ? Quel eft l'objet
lamentable qui doit caufer une fi vive
douleur? Nous aurons les yeux attachés
fur celui que nous avons percé des plaies.
Voilà un évènement qui me paroît in-
croyable, *& ces larmes doivent fe répandre
à Jérufalem*.... Dieu d'Ifrael fi c'étoit-là
le crime & le repentir de la Nation!
Je conviens que nous donnons à nos prophéties des interprétations différentes de
celle des Chrétiens; mais je fuis ftupé-

fait à la vue de cet enfemble de prophéties qui fe réuniffent toutes fur leur Meffie par une explication fimple & facile, tandis que je fuis obligé d'avouer que nous forçons & violentons les nôtres.

Cependant, confultons encore les Prophétes :

„ Voici ce que dit votre Maître,
„ votre Seigneur, votre Dieu ; je vais
„ vous ôter de la main cette coupe d'af-
„ foupiffement, cette coupe où vous
„ avez bu jufqu'à la lie mon indignation
„ & ma fureur, vous n'en boirez plus
„ à l'avenir. "

Affurément nous ne pouvons pas nous perfuader que nous ayons vu l'accompliffement de cette prophétie. Selon l'oracle, nous ne devons plus fouffrir, & nous fommes depuis près de dix-huit cent ans dans les fers ! Cette prophétie n'eft donc point encore accomplie ? Quel crime avons-nous pu commettre ? Notre idolatrie la plus honteufe n'a été punie que par foixante-dix ans de captivité & nous fut pardonnée ; depuis cette époque, qui remonte à plus de deux mille ans, l'idolatrie a toujours été l'horreur de ma Nation.

Quel eft donc ce crime fi odieux, cette coupe d'affoupiffement que nous devons boire jufqu'à la lie ? Vous croyez peut être que je vis la lumiere ; hélas ! mes yeux étoient fermés, mais je doutai, & c'eft beaucoup pour un Juif.

J'entrepris de nouvelles recherches ; j'étois fi révolté des ridicules interprétations de nos Rabins modernes, que je fis ferment de ne plus puifer dans ces fources fangeufes ; j'exceptai néanmoins quelques anciens Docteurs pour lefquels nous confervions la plus grande vénération. Quelle fut ma furprife, quand je lus dans les écrits d'un des plus célèbres, que les Juifs n'avoient pas plus d'intelligence dans les divines écritures, que les bêtes de fomme. (1)

____

(1) *In divinis fcripturis minoris funt in-*

Je fus curieux de confulter le Rabin
Mofes, Egyptien, un de nos plus grands
hommes ; mon étonnement fut extrême,
quand j'apperçus ces paroles : ,, Jéfus de
,, Nazareth parut être le Meffie ; il fut
,, mis à mort par fentence, & fut caufe
,, qu'Ifrael fut détruit par le glaive. '' (1)

Où fuis je ! m'écriai-je ; quel aveu dans
notre bouche ; mais quelle fut ma furprife, quand je lus dans les ouvrages des
anciens Rabins les plus célèbres, une foule
de paffages qui expliquent, d'après nos
Prophètes, les principaux dogmes du
Chriftianifme, & annoncent le plus grands
myftères. En effet, *Rabbi Siméon*, fils
de *Johai*, ainfi que le Rabin Jonathas,
fils d'Aziel, croyent qu'Ifaie a voulu, par
ces paroles, *Sanctus*, *Sanctus*, *Sanctus*,

---

telligentiæ quam afini, *Rabbi Pinhas*, fils
de Haïr.

(1) *Jefus Nazarenus*, *vifus eft effe Meffias
& interfectus eft à domo judicii & fuit
caufa cur Ifrael deftrueretur gladio.*

défigner les trois perfonnes divines & le
myftère de la Trinité. Je ne finirois pas
fi je vous rapportois tous les paffages rabi-
niques qui traitent des myftères de la religion chrétienne.

Sans être encore convaincu, j'étois
horriblement tourmenté ; je rejettai tous
mes livres, & je voulus chercher la vérité dans les Docteurs de la loi, qui vivoient un fiécle avant la ruine de Jérufalem, & la derniere deftruction du temple.
Je me tranfportai dans une de nos plus
célébres Synagogues, qui confervoit le
dépôt précieux de nos anciens auteurs.
Sans m'ouvrir à perfonne de mes deffeins,
je m'enferme dans une bibliothéque, &
je vois que le Rabin *Néhémias*, fils d'Haccana, appliquoit au Meffie toutes les
prophéties que les Chrétiens appliquent
à J. C. ; il difoit même que l'avènement
du Meffie n'étoit éloigné que d'environ
cinquante années ; il écrivoit une lettre
à fon fils Haccana, fous le titre d'épitre
fecrette, dans laquelle il lui annonçoit

qu'il auroit peut être le bonheur de jouir de la vue du Meſſie, & d'apprendre de lui même ſes grands myſtères.

Enfin, dans un livre intitulé *des Jours*, Rabin Salomon dit expreſſément que le fils de David ne paroîtra pas que l'empire Romain ne ſe ſoit rendu maître d'une grande partie de l'Univers.

L'enſemble de toutes ces découvertes fit ſur mon eſprit la plus grande révolution; je me retirai dans ma maiſon; j'évitois l'approche des hommes, & je tombai dans la plus noire mélancolie; agité le jour & la nuit, je rejettois ſans ceſſe une image ſanglante; je n'étois pas encore convaincu, mais je touchois au moment où je devois l'être. Qu'il plaiſe au Ciel de faire rejaillir d'un pôle à l'autre la lumière qui me frappa. Je conçus à l'inſtant l'idée la plus extraordinaire; je me dis à moi-même : les ſermens de Dieu en faveur de ſon peuple ont été faits à Abraham & Jacob. Le Dieu d'Iſrael ne

voit que ces grands Patriarches entre son
peuple & lui, ne seroit-il pas conforme
à la majesté de Dieu que toute la religion
des Juifs, son histoire & les grands évènemens annoncés à la postérité de ces
mêmes Patriarches fussent contenus &
renfermés dans les premieres paroles que
Dieu leur fit entendre?

Examinons cet oracle sublime, & re-
marquons surtout que les Juifs & les
Chrétiens sont parfaitement d'accord sur
le sens & les paroles de cette prophétie;
ainsi point de dispute sur la véritable in-
terpretation : réunissez ici toute votre attention.

*Toutes les Nations seront bénies dans
un de vos enfans*; je fus tout à coup
environné de *lumiere*, & mon esprit vit
sortir de ces paroles toutes nos prophéties;
en effet, quelle est la constitution reli-
gieuse du peuple Juif? C'est sans doute d'ê-
tre un peuple unique, séparé de toutes les
Nations; & comment toutes les Nations
seroient-elles bénies dans un des enfans

d'Abraham & de Jacob, ſi cette conſtitution n'eſt pas détruite, en incorporant au peuple ſaint toutes les Nations de la terre? Si cette conſtitution primitive eſt détruite, l'allience & la loi le ſont auſſi; le temple doit être renverſé; les ſacrifices, abolis; quelle foule des prophéties qui annoncent ces évènemens fameux, & qui ſortent tous à la fois de ces paroles fécondes!

Mais comment toutes les Nations feront-elles bénies dans un des enfans d'Abraham & de Jacob, ſi tous les peuples un jour ne ſont pas ſoumis à la même loi (1)?

Ce conquérant, ce Dieu des armées, qui doit ſoumettre la terre, la ſubju-

____

(1) Réjouiſſez-vous, Nations, avec ſon peuple; & ailleurs, Nations, louez toutes le Seigneur; Peuples, glorifiez-le tous. Iſaïe dit auſſi, il ſortira de la tige de Jeſſé un rejetton qui s'élevera pour commander aux Nations, & les Nations eſpéreront en lui.

geraguera-t-il, en faisant marcher la mort devant lui? Les nations seroient-elles bénies en lui s'il les asservit en se baignant, dans leur sang? Il faut donc nécessairement que ce règne soit purement spirituel; voilà ce Roi pacifique, ce Dieu fort & puissant, enfin ce Prince de la paix qui nous est si souveut annoncé; quelle foule de prophéties nouvelles découle de ces paroles!

Ce n'est pas tout encore; il faut que les esprits & les cœurs soient changés; car des hommes toujours pervers & méchans ne peuvent être bénis par un Dieu juste; à ces traits, peut-on méconnoître la sublime morale de l'Evangile & les heureux changemens des cœurs qui nous sont annoncés par les Prophètes?

Qui pourra ne point appercevoir cette église triomphante qui bénit sans cesse les Peuples & les Rois?

Enfin, j'apperçus dans ces premieres paroles, l'ancien & le nouveau Testament,

& toutes nos prophéties ne me parurent qu'un développement des premières promeſſes que Dieu lui-même fit à Abraham. Alors je crus à l'Evangile, & j'étois Chrétien quand je vous vis.

Dès ce moment le voile qui couvre les yeux de ma Nation fut déchiré pour moi, je ne me reconnoiſſois plus; chaque jour nos Prophètes me donnoient des preuves nouvelles, & je trouvois que d'après nos principes mêmes & nos aveux, il étoit impoſſible que le Chriſt n'eût point paru. En effet, nous ſommes toujours convenus de trois vérités eſſentielles: la premiere, eſt que la loi donnée à Moyſe ſur le mont Sinaï, devoit finir à l'arrivée du Meſſie; la ſeconde, que Dieu avoit choiſi Jéruſalem pour le ſeul lieu du monde, où il vouloit que ſon temple fût élevé; la troiſieme, que la famille d'Aaron pouvoit ſeule former des ſacrificateurs légitimes. A côté de ces trois vérités avouées, plaçons trois faits exiſtans ſous nos yeux; le Temple eſt détruit depuis dix-ſept ſiécles; nous ſommes bannis de la Paleſtine; nos tribus ſont tellement diſperſées & confondues, que ſans recourir à des fables & à des menſonges groſſiers, ſans ceſſe renouvellés par nos Rabins, il eſt impoſſible de reconnoître la moindre trace de la famille d'Aaron.

De ces trois vérités accordées, & de ces trois faits exiſtans, il s'enſuit évidemment que Dieu a rejetté l'ancienne loi, ſes obſervances & le peuple Juif; & comme nous convenons que cette loi ne pouvoit être proſcrite qu'à l'avènement du Meſſie, il réſulte donc de nos aveux, que le Meſſie a dû paroître.

Je vis encore une preuve plus forte, qui tranche toute difficulté. Que nous fixions nous-mêmes arbitrairement le terme & les époques que nous voudrons aſſigner aux ſoixante-dix ſemaines de Daniel; quelques différentes interprétations que nous puiſſions donner à cette prophétie, il en

réfultera toujours deux vérités inconte-
ftables; la premiere, que le Chrift doit
être mis à mort ; la feconde, que les
foixante-dix femaines du Prophète doivent être écoulées & révolues avant la
ruine de Jérufalem, la deftruction de
fon fanctuaire & l'abolition des facrifices. Or le Temple eft détruit, les
facrifices font abolis, les foixante-dix
femaines font donc écoulées; le Chrift a
donc paru. Je ne pouvois concevoir comment une conféquence auffi fimple, auffi
évidente & qui nous eft fans ceffe pré-
fentée, pouvoit échapper à nos yeux;
jamais aucun Rabin n'a pu l'éluder, &
l'aveuglement de ma Nation me paroîtra
toujours furnaturel.

Le Vieillard fut enchanté que j'euffe
entendu ce récit. On vient de vous développer, me dit-il, le tableau des prophéties que je voulois expofer à vos yeux;
telle eft la marche de la Divinité, telles
font les preuves qu'elle nous donne de fa
révélation; Dieu feul peut faire marcher

devant lui tous les évènemens, ils se précipitent & tendent au terme qu'il veut
nous montrer ; il offre à l'Univers une
religion éternelle & un peuple qui ne
doit jamais finir.

Si l'on eût perdu l'histoire des Nations, les livres des Prophètes pourroient
servir de fastes à l'Univers ; ils nous ap-
prendroient comment devoit un jour arriver la succession des Monarchies, leur
fondation & leur chûte. L'on connoîtroit
ce qui a été, par des paroles qui ont annoncé ce qui devoit être ; il est vrai
qu'alors les prophéties exigeroient de la
part des hommes une foi simple & universelle : mais par un évènement contraire,
c'est l'histoire profane qui constate elle-
même la certitude des livres saints. Dieu
n'a pas permis que la mémoire des fonda-
tions & des grandes révolutions des empires se soit effacée ; elle se perpétue
d'âge en âge, & l'histoire toujours sûre
& fidelle dans les faits célèbres, les con-

ſtate par des monumens authentiques, &
devient elle-même la preuve certaine de
l'exécution littérale de la parole de Dieu :
auſſi, dès le commencement des choſes,
les tems, les lieux, les circonſtances, la
nature enfin fut tellement enchaînée, que
tout devoit concourir à conſtater la véritable religion que le Ciel a donnée aux
hommes ; c'étoit la ſeule vérité qu'il leur
importoit de connoître, & par conféquent
le centre & le but où tous les évènemens
devoient ſe rapporter. Je ne parlerai point
des prédictions ſur les victoires de Cirus,
ſur la priſe de Babylone, ou des prophéties qui regardent les Rois de Perſe, les
conquêtes d'Alexandre, celles des Rois
d'Egypte & de Syrie ; ou des autres prophéties qui annoncent la ſucceſſion des
empires & leur deſtruction, avant qu'ils
fuſſent fondés. Je ne m'étendrai pas même
ſur l'établiſſement ſurnaturel du Chriſtianiſme ; ce qui a été prédit dans tous les
ſiécles s'exécute tous les jours ſous nos
yeux. Cent volumes épars ont répété ſur
ce ſujet, ce qu'on voit écrit dans cent
autres volumes.

Mais je ne puis paſſer ſous ſilence quelques prophéties formelles & préciſes dont l'accompliſſement littéral ne ſauroit être conteſté par l'incrédule le plus obſtiné. Dans le nombre des prophéties de ce genre, quelles ſeront celles que nous choiſirons? Les prendrai-je dans l'ancien teſtament, à la naiſſance du Sauveur, pendant ſon ſéjour parmi les hommes, à ſa mort, à ſa réſurrection? Non; je choiſirai celles qui s'exécutent au moment où je parle; à des hommes ſenſuels, il faut offrir des objets ſenſibles; aux incrédules, l'inſtant même du miracle : je préſente donc un temple détruit, qui jamais ne peut être rétabli, & d'une autre part, un peuple foible, errant en tous lieux, & qui ne peut jamais être détruit. Quel autre qu'un Dieu, eût fait dépendre ſa parole & la ruine entiere de ſa religion, de la reconſtruction facile d'un édifice. (1)

____

(1) Voyez à la fin de la converſion du Juif, la note au ſujet de la reconſtruction du Temple pag. 250.

L 4

S'il étoit permis de fonder les fecrets du Tout-puiffant, je croirois volontiers qu'il a voulu, dans tous les fiécles, & à chaque inftant, étonner notre efprit par deux preuves évidentes de fa révélation; preuves fenfibles, parfaitement différentes, & toutes deux extrêmes: l'une, en rendant impraticable & impoffible la reconftruction d'un Temple, évènement le plus fimple & le plus facile, felon l'ordre de la nature: (1) l'autre, en rendant le peuple Juif éternel fur la terre, évènement le plus contraire à l'ordre des chofes, & au cours ordinaire de la nature.

Je m'apperçus que nous étions près de nous féparer; j'eus le malheur d'enta-

---

(1) Les perfonnes qui voudront s'inftruire parfaitèment des diverfes tentatives qui ont été faites pour la reconftruction du Temple, doivent lire le fameux ouvrage de Warburton, au fujet du rétabliffement du Temple: Mr. l'Abbé de Mazéas a fupérieurement traduit en notre Langue, cet ouvrage célèbre.

mer affez légèrement une queſtion très-
déplacée; j'ignore ſi ce furent les expreſſions dont je me ſervis, ou le fond même
de moñ objection, qui déplurent à Méſophée; mais il me fut facile d'entrevoir
qu'il ſoupçonnoit que je n'étois pas encore parfaitement revenu de mes doutes;
il diſſimula cependant, & ſe levant avec
vivacité, il marcha vers le château. Nous
étions près d'arriver, lorſque nous le vîmes
chanceller & tomber dans les bras d'Arſenne. Nous cherchons à rappeller ſes
ſens; je ne puis peindre notre conſterna-
tion ni l'état violent de nos ames; ce ne
fut que dans la nuit qu'il revint à lui-
même, un ſoupir profond ſort de ſon
cœur, ſes yeux nous cherchent avec une
tendre inquiétude, il s'efforce de nous
raſſurer ſur ſon état, & il exige de ſes
neveux & de moi, que nous nous retirions
dans nos appartemens, pour y prendre
le repos de la nuit.

L ſ

N O T E.

L'Epoque mémorable de la chûte du Temple a été prédite par J. C.; ils nous a affuré qu'il n'en refteroit jamais pierre fur pierre; cette prophétie eft d'autant plus frappante, qu'elle à toujours repouffé la puiffance des hommes qui ont ofé tenter de l'anéantir, & particulierement les efforts de l'Empereur Julien; cet apoftat artificieux & cruel, uni fa polytique à la haine des Juifs, qu'il méprifoit fouverainement; ce Philofophe Empereur diffimule fon naturel farouche, affecte de prêcher la tolérance, & fufpend *les* fupplices des Martyrs; il entrevoit dans la reconftruction du Temple, un moyen fûr & facile de détruire le Chriftianifme; en effet, il ne reftoit à cet ennemie puiffant, que cet ouvrage à tenter, & fa haine plus que fon orgueil le lui fit entreprendre.

Sans entrer dans la difcuffion des caufes qui firent échouer fon projet, je me contente de me renfermer dans le fait hiftorique; on n'a jamais contefté que les Juifs furent, par un édit de ce Prince, convoqués & raffemblés de toutes les parties du monde, pour le rétabliffement du

Temple; a-t-il été rebâti, en reste-t-il pierre
fur pierre? Ce fait eft fous nos yeux; l'activité
d'un peuple innombrable, fecondé par le Gou-
verneur de la Judée; les richeffes d'un Empereur Romain etoient fans doute des moyens
plus que fuffifans pour reconftruire un edifice,
fi l'on n'eût eu à combattre Dieu & fa parole.
Pour fe convaincre des prodiges inouis du Ciel
qui s'opérent dans cette fameufe entreprife, il
fuffit d'entendre le témoignage authentique
d'*Ammien Marcellin*, payen, témoin occulaire
& flatteur de Julien.

A l'égard de la durée furnaturelle du peuple
Juif, fi l'on objecte que toutes les puiffances
n'ont jamais tenté de le détruire, je demande
pourquoi une multitude innombrable de Nations, infiniment moins anciennes que le
peuple Juif, ont tellement difparu de la furface
de la terre, que plufieurs ne nous ont pas même
laiffé le fouvenir du nom qu'elles portoient
autrefois: il faut convenir que l'éternité de ce
peuple préfente à l'incrédulité un grand pro-
blême à réfoudre.

LE ZELE.

J'Etois toujours dans les plus cruelles alarmes fur l'état de mon refpectable Vieillard : j'avois conçu pour lui les fentimens du fils le plus tendre ; il m'avoit procuré le bonheur & la foi ; Je paffai la nuit dans l'inquiétude, & j'écoutois à chaque inftant fi je n'entendois aucun bruit autour de moi ; des idées funeftes fe préfentoient en foule, & dans les vapeurs d'un fommeil agité, j'entrevoyois fans ceffe l'image de la mort ; je me levai longtems avant le jour que j'appellois avec impatience. Je m'avançai fur un balcon ; mes yeux erroient de tous côtés. Quel fût mon étonnement d'appercevoir au clair de la lune, un homme qui étoit affis fur la terraffe qui communiquoit à l'appartement du Vieillard : fa tête étoit triftement appuyée fur fes mains, fa douleur & mon inquiétude fur les jours de Méfophée me remplirent d'éffroi.

Je courus vers l'homme qui m'inſpiroit tant de frayeur, & ſans chercher à le reconnoître, je m'écriai de loin, avez-vous quelques nouvelles funeſtes à nous annoncer? Non me répondit-on; & à la voix, je reconnus Arſenne.

J'ai des choſes bien ſérieuſes à vous communiquer, me dit-il; je craignois de troubler votre ſommeil, & j'attendois l'arrivé du jour pour me rendre auprès de vous; mais puiſque vous êtes ici, cauſons enſemble le reſte de la nuit. Que penſez-vous du triſte évènement dont nous avons été témoins? J'ai cru que ce grand homme alloit expirer dans nos bras, il paroît nous être rendu, & peut être que le Ciel prolongera ſes jours?

— Hélas! il me ſemble que ma vie eſt attachée à la ſienne, & ſi mes vœux peuvent être exaucés, je ne ceſſerai d'invoquer le Dieu qu'il m'a fait connoître.

— Qu'entend'je! quoi! ſeriez-vous converti? Il me ſerra dans ſes bras &

je me fentis mouillé de fes larmes. Ecoutez, m'ajouta-t-il avec vivacité, le moment preffe; à peine Méfophée vous eut-il prié de vous retirer avec fes neveux, qu'il me fit appeller & me parla ainfi: je fuis enchanté, mon cher Arfenne, de vous revoir, mes forces m'abandonnent, & tout m'annonce ma fin; mais puifque je refpire encore, lifez pour la derniere fois dans un cœur qui vous a toujours aimé. J'ai cru ramener à la lumiere notre jeune Baron: j'ai peut être trop préfumé de mes forces; depuis deux mois entiers je l'obferve; les progrès de fon efprit & de fa raifon fembloient ne me laiffer aucun doute qu'il ne fut un jour convaincu des grandes vérités du Chriftianifme; vous avez dû fouvent vous appercevoir que fes objections même partoient d'un efprit qui ne cherchoit que la lumiére; depuis quelques jours mes flatteufes efpérances fe font prefque évanouies; il me femble qu'il doute encore; ne le quittez pas mon cher

Arſenne, un naturel ſi doux eſt fait pour
que vous l'aimiez: ce que je n'ai pu faire
vous le ferez; je ne méritois pas ſans doute,
le bonheur de le convaincre. Notre Dieu
vous en trouve plus digne que moi; j'ai
cru voir dans nos dernieres conférences,
qu'il étoit encore attaché à ſon funeſte
théiſme. J'ai tout diſſimulé, j'ai dévoré
ma douleur, il eſt vrai qu'il n'a· rien dit
de bien poſitif. Ah! ſi je ne pouvois me
tromper; hélas! j'ai ſenti mon cœur ſe
flétrir par la crainte; mon ſang glacé
par les ans circuloit avec peine, & cette
triſte révolution m'a fait tomber dans
l'état où vous m'avez vu. Pere des hommes! bonté ſuprême! s'écria-t-il, eſt-il
donc ſi difficile à nos cœurs de vous connoître & de vous aimer? Quoi! mon
cher Baron, une ame auſſi ſenſible, auſſi
belle que la vôtre, ſera-elle condamnée
toujours à errer dans les ténèbres? Maître
des cœurs, que mes yeux ſe ferment à jamais, & que les ſiens puiſſent vous reconnoître. Allez, me dit-il, mon cher Ar-

fenne ; allez fonder fon cœur, il n'échappera point à votre pénétration, c'eſt la ſincérité même ; le moindre trait, un rien vous le fera connoître ; ſi vous démêlez dans ſon ame quelques traces de cette divine lumiere qui ſeule peut changer les cœurs, la victoire eſt à nous ; peu d'hommes la diſtinguent, je le ſais, mais vous la reconnoîtrez ; ſi vous l'appercevez, revenez, courrez pour me l'apprendre.

Pendant tout ce diſcours, je ne pus proférer une ſeule parole, & je ne revins à moi-même que par des torrens de larmes ; vive image de notre divin Maître, m'ériai-je, qui ne reſpire que pour les hommes ; reſpectable Vieillard, ame ſenſible, qui pourra vous connoître ſans adorer votre Dieu & pratiquer ſa loi ? Un tel amour, un tel zèle, n'appartient point à l'homme ; quoi ! Méſophée a falli périr, & je ſerois la cauſe d'un ſi fatal évènement ? Le Ciel qui m'a vu ſi coupable ne m'auroit-il conſervé, que pour un crime dont je ſuis innocent ? Courrez, mon cher Arſenne, lui annoncer que depuis long-tems mes yeux ſont deſſillés; dites-lui que depuis long-tems il m'a rendu Chrétien; qu'il juge par ſon bienfait de ma reconnoiſſance, & de mon cœur, par le ſien; allez, ou plutôt courrons enſemble vers lui, que je puiſſe moi-même...

— Non... le ſpectacle ſeroit trop vif & trop touchant; une joie ſi rapide pourroit dans ſa ſituation, lui être auſſi funeſte qu'une vive douleur; il me quitta ſur le champ, & promit de me rejoindre bientôt.

Je me promenois ſur la terraſſe à pas précipités, & j'avois toujours la vue ſur l'appartement du Vieillard; enfin je vis paroître Arſenne, je me précipitai vers lui; il m'embraſſa avec tranſport, & m'apprit que Méſophée ſe portoit infiniment mieux; que la certitude qu'il lui avoit donnée de mes nouveaux ſentimens, lui cauſoit une joie inexprimable; je l'ai vu, me dit-il, ſe lever ſans peine, il defire vous voir un moment à l'infçu de fes neveux; le jour va bientôt paroître, profitons du moment, reftez peu auprès de lui. Nous entrons dans fon appartement, je me jettai dans fes bras, il m'y retint longtems, la parole expiroit fur mes levres, lui-même reftoit dans le filence, il le rompit enfin.

·Que vous me rendez heureux, mon cher Baron; mes vœux font remplis, & c'eft vous qui m'apprenez que je fuis exaucé; le plaifir que j'éprouve eft bien au deffus des maux que j'ai fouffert; je ferai connoître à mes neveux celui qui m'a rendu la vie; qu'ils ignorent à jamais la caufe de ma douleur paffée; ils vous chériroient toujours; mais ils vous aimeront davantage. J'ai befoin de paffer cinq ou fix jours dans une folitude profonde; mon ame afpire au filence, & le plaifir que j'aurois de vous voir fera fon facrifice; mes neveux feront empreffés à vous plaire; je vais les faire venir, pour qu'ils ne foient point inquiets fur ma fituation.

Je n'avois plus la crainte de le perdre & je me confolois d'une légère abfence; je ftipulai pourtant pour mon cœur & pour fes neveux, & j'obtins que nous aurions le plaifir de l'embraffer tous les jours.

LA CONVALESCENCE
DU VIEILLARD.

IL n'eſt point de joie plus vive que celle que l'on goûte après de grandes allarmes ; nous jouiſſions tous les jours du plaiſir d'embraſſer notre Philoſophe ; ſes aimables neveux me regardoient comme leur frere, & tandis que tout ſur la terre m'invitoit au bonheur, le Ciel me prodiguoit ſes bienfaits. Méſophée m'étoit rendu, mes doutes évanouis, & ma foi diſſipoit tous les nuages ; je n'entendois plus ſi ſouvent les paroles de Méſophée, mais ſes actions me parloient ſans ceſſe ; ſa retraite prolongée de quelques jours, m'inſpira le goût le plus vif pour la ſolitude ; environné de menſonges & d'erreurs, les lieux trop retirés m'inſpiroient autrefois le dégout & la triſteſſe ; depuis que la vérité habitoit avec moi, j'eus trouvé dans les déſerts la plus belle nature,

& les plaifirs les plus propres à mon ame;
je ne voyois cependant encore qu'en per-
fpective ces paifibles retraites, où le fage
qui defcend en lui-même fait trouver tous
les hommes. Le Château étoit rempli
par une affluence de monde; la nouvelle
de l'accident arrivé à Méfophée s'étoit
déjà répandue; tous les lieux d'alentour
ne s'occupoient que de ce trifte évènement; mais bientôt fon rétabliffement certain répandit une joie univerfelle. Le moment où il devoit paroître étoit arrivé;
fes forces lui étoient revenues, il exerçoit
les fonctions les plus fublimes du facer-
doce, & chaque jour il offroit le facrifice
de cette grande victime, qui étonne fans
ceffe les Cieux. Ses deux neveux étoient
tranfportés de joie, & je ne peindrois jamais celle de tous fes vaffaux: il ne leur
manquoit que le plaifir de revoir leur
aimable maître.

Les jardins furent remplis par les habitans des campagnes voifines; tous fes
vaffaux bordoient la terraffe; chaque fa-

mille étoit diftinguée par des rubans de différentes couleurs ; les vieillards étoient à leur tête ; Méfophée parut, ce ne furent point des cris qui fe firent entendre ; le premier mouvement de leur cœur fut de verfer des larmes de joie ; puis fe livrant à leurs tranfports ; chaque famille entoura fucceffivement Méfophée. Ces bonnes gens craignoient qu'il ne fut fatigué de refter trop long-tems debout ; ils avoient donné ordre à deux de leurs enfans de le foutenir. En effet, ils s'avancerent auprés du Vieillard qui fe prêta à leurs defirs, & avec une adreffe & des graces infinies, ils entrelafferent mutuellement leurs mains & l'éleverent ainfi à la vue de tout le monde ; fes bras repofoient fur deux chefs de famille, qui comptoient près d'un fié-cle de vie. Jamais fpectacle ne fut fi touchant ; le bruit des inftrumens fe fit entendre, & ils conduifirent ainfi Mé-fophée dans fes appartemens ; ils fe difper-ferent dans les jardins où l'on avoit fait préparer une fête qui dura jufqu'à la fin

du jour ; une grande partie des Gentil-
hommes des environs étoit reftés depuis
plufieurs jours au Château, pour attendre
le moment où Méfophée paroîtroit ; ils
le complimenterent fur fon rétabliffement,
& pour le laiffer plus tranquille , ils fe
retirerent dans leurs terres ; parmi les
Gentilshommes des campagnes voifines
qui s'étoient rendus au château, j'apperçus
un vieux Militaire que Méfophée préve-
noit par les marques de la plus tendre amitié ; ce fut le feul qu'il pria avec inftance
de faire quelque féjour dans fa terre ; des
préférences auffi diftinguées me firent
concevoir la plus haute opinion de fa perfonne ; mais j'étois bien loin de pénétrer
les vües de la fageffe du Vieillard.

Tandis que tous les vaffaux de Méfophée témoignoient le plaifir le plus vif de
revoir leur bienfaiteur ; nous étions, Arfenne & moi auprès du Vieillard ; le lieu
de cette fête champêtre étoit difpofé de
maniére, qu'il pouvoit de fon fauteuil,
jouir de la joie qu'il faifoit naître. Je fuis

moins sensible, nous dit-il, au preuves de
tendresse que je reçois, que je ne suis affligé
des regrets que ma mort prépare à ces ames
reconnoissantes : mais abandonnant aussi tôt
une idée qui ne nous offroit que des objets
sinistres : eh bien mon cher Baron, m'ajouta-t-il, il y a long-tems que nous n'avons
parlé de religion ; mais vous croyez ; cela
suffit, & je n'ai plus rien à vous apprendre.

— Continuez de m'instruire, je veux
connoître ma religion pour la faire adorer ;
je sens que l'on ne peut être véritablement
heureux, qu'autant que l'on est Chrétien,
& vous m'apprenez qu'on ne peut l'être,
qu'en communiquant son bonheur à tous
les hommes.

— J'ai pû, il est vrai vous ramener à la
vérité, mais le Ciel peut seul donner des
vertus ; le zèle héroïque que vous venez de
faire paroître, est le sublime du Christianisme ; mais je voudrois savoir quelles sont
les réflexions que vous avez faites sur tout
ce que nous avons dit depuis plusieurs
mois ;

mois, & quelles font les conféquences que
votre raifon en a tirées.

— J'y confens bien volontiers ; c'eft
vous décerner les honneurs du triomphe.
Vos raifonnemens m'ont paru juftes, folides;
mais c'eft qui m'a le plus frappé, c'eft leur
harmonie, leur enfemble ; le menfonge &
l'erreur n'ont point cet accord & cette unité, je ne puis voir aucun détail que je n'ap-
perçoive auffi-tôt une maffe de preuves
réunies ; contre la quelle viennent échouer
toutes les fubtilités, qui ne tenant d'ailleurs
à aucun principe, s'évanouiffent à mefure
quelles paroiffent ; il n'en eft pas de même
des vérités que vous affirmez ; je ne puis rien
ifoler pour les attaquer féparément ; en un
mot, mon efprit eft convaincu ; je crois à
votre Dieu par raifon ; je l'aime parce qu'il
eft bon, & je le crains parce qu'il eft jufte ;
il ne refte plus à mon cœur que de chercher à lui plaire par des actions nobles &
dignes de l'homme.

Grand Dieu ! qui l'entendez, s'écria
le Vieillard, faites defcendre fur lui cet

esprit de force & de sagesse que vous seul
pouvez donner ; son cœur étoit fait pour
vous ; tôt ou tard ; il devoit vous aimer ;
& m'adressant aussi tôt la parole : avez-vous
remarqué cet Officier que j'ai prié de re-
ster quelques jours ici? C'est un Militaire
de la première distinction & d'une valeur
brillante ; né dans le désordre & le tumulte
des armes, il n'a pas la première idée du
culte de ses pères, & il avoue, sans rougir,
que depuis qu'il se connoît, il n'a jamais
fait un seul acte de religion ; son ame in-
dolente, engourdie, sans force, sans mouvement, est comme ensevelie dans un som-
meil d'anéantissement. Malgré cet affreux
état de corruption, son caractère est doux,
son ame est vraie, il pratique toutes les
maximes du monde ; il en a même toutes
les vertus. Voilà, mon cher Baron, une
ame qu'il faut éveiller, il faut lui rendre sa
vie & son activité. Ce n'est point son esprit que nous avons à convaincre ; c'est son
cœur ; ce sont ses passions qu'il faut combattre : cet ouvrage ne nous est pas réser-

vé il n'appartient qu'au Ciel; mais nous pouvons l'implorer; que vos premiers veux foient pour lui, ils doivent être plus puiffans que les miens; fon cœur eft bon; il eft plein d'efprit pour ofer tout efpérer, en faut-il davantage?

A peine avoit-il fini de parler, que toute la compagnie arriva; Méfophée fit placer le Militaire à fes côtés; tous fes foins & fes attentions fe fixoient fur lui; il l'entretenoit de fes heureufes campagnes; ce vieux Militaire nous apprit la tendre amitié qui regnoit entre fon grand pere & Turenne; il racontoit la mort de ce grand homme tandis que Méfophée, avec adreffe, repréfentoit comme le plus beau triomphe du grand Condé, ce Héros expirant dans les bras de la religion.

Je n'entends rien à votre religion, lui répondit le Militaire; mais quand je ferai fur le point de terminer ma vie, j'aimerois bien mieux mourir comme Turenne d'un coup de canon, que de foupirer & languir comme Condé; pour moi, ajouta-t-il, j'ai toujours vécu loyalement, je suis entier dans mon honheur; j'ai bien servi mes Rois; à l'égard de la religion, je suis franc, & je vous avoue que je ne me mêle pas de ces choses-la; je n'y entends rien; aussi je ne conteste pas; mais je ne crois rien; dès l'âge de treize ans, j'ai porté les armes; j'ai vécu dans les camps & dans le plus grand monde & depuis soixante-dix ans, je ne connois de votre religion, que le Baptême que mes parens m'ont fait donner; j'ai pris mon parti fur tout cela, je suis trop vieux pour être corrigé, & sans doute trop coupable pour être pardonné.

Non, lui dit le Vieillard avec vivacité, vous ne mourrez pas comme vous avez vécu; je vous comprends, vous défiriez que Dieu vous pardonnât: eh, bien, recourez à lui avec sincérité; il vous pardonnera; il n'est aucun crime qu'un repentir n'efface; l'homme qui renonce a l'unique objet pour lequel il est né, s'arrache une vie immortelle, & de tous les

crimes, commet le plus odieux : hélas !
combien d'hommes infenfés meurent dans
ces cruels fentimens ! Quelle affreufe démence de fe former une idée de la bonté
du Créateur fur des opinions humaines !
Sachez qu'un foupir d'un cœur qui re-
tourne à lui, nous rend maîtres des Cieux ;
heureux & mille fois heureux ceux qui
peuvent avoir ce retour fincère ; mais il
eft un aveuglement déplorable & bien plus
général, qui nous endort dans nos paffions
& dans nos vices, on laiffe accumuler fes
crimes, dans le fol efpoir de reculer le
terme & de trouver fon pardon au déclin
de fes jours ; hélas ! les charmes de la volupté & les atrraits du monde peuvent
bien, pour un moment, demeurer fans
empire fur des fens affoiblis par les maux,
ou par les années, mais prefque toujours
leurs funeftes impreffions reftent dans le
cœur ; au moment de la mort, tout en nous
femble changer, & rien ne change ; le ferment eft fur les lévres, tandis que le par-
jure eft dans l'ame, & cependant c'eft

l'ame qui doit être jugée.... Mais je me rapelle de vous avoir entendu dire, que vous avez vécu très-intimement avec le célèbre Montesquieu ; votre admiration pour lui ne peut être plus grande. Eh bien! écoutez ce qu'il dit lui-même sur l'expiation des crimes & la suprême bonté de Dieu; Méfophée prit alors le livre de l'esprit des loix qui se trouvoit sur son bureau, & nous lût les paroles suivantes:

,, Une religion qui enveloppe toutes
,, les paffions, qui n'est pas plus jaloufe des
,, actions, que des defirs & des penfées,
,, qui ne nous tient point attachés par
,, quelques chaînes, mais par un nombre
,, innombrable de fils, qui laiffe derriere
,, elle la juftice humaine, & commence
,, une autre juftice, qui eft faite pour me-
,, ner fans ceffe du repentir à l'amour,
,, & de l'amour au repentir; qui met entre
,, le juge & le criminel, un grand média-
,, teur, entre le jufte & le médiateur,
,, un grand juge ; une telle religion ne
,, doit point avoir de crimes inexpiables;

„ mais quoiqu'elle donne des craintes &
„ des espérances à tous, elle fait assez sen-
„ tir que s'il n'y a point des crimes qui,
„ par sa nature, soit inexpiable, toute
„ une vie peut l'être ; qu'il seroit très-
„ dangereux de tourmenter sans cesse la
„ misericorde par de nouveaux crimes &
„ de nouvelles expiations ; qu'inquiets sur
„ les anciennes dettes, jamais quittes en-
„ vers le Seigneur, nous devons craindre
„ d'en contracter de nouvelles, de com-
„ bler la mesure, d'aller jusqu'au terme
„ où la bonté paternelle finit." (*Esprit
des Loix, liv. XXIV., ch. XIV., deuxieme
vers., édit. in 4°.*)

Pour vous, généreux guerrier, dont le
cœur noble est incapable d'irriter sans
cesse la justice d'un Dieu, uniquement
parce que sa bonté est extrême, livrez
votre cœur à l'esperance ; & comptez sur
sa clémence infinie ; elle éclate, elle vous
environne de toutes parts ; votre Dieu vous
invite sans cesse ; pour voler vers vous, il
n'attend qu'un effort de votre part ; il
cherche un de vos regards.

Ce que vous me dites, répondit le vieux
Militaire, 'eſt bien conſolant ; mais comment pouvez-vous allier une ſi grande
bonté avec des ſupplices & des tourmens
affreux qui ne doivent jamais finir ; car ſi
je ne me trompe, telle eſt la peinture de
l'Enfer des Chrétiens, dont l'image ſeule
fait frémir la nature ; je ſens bien qu'un
ſcélérat chargé de crimes, & qui a vécu
dans l'opulence aux dépens de la veuve &
de l'orphelin, doit être puni ; mais un
honnête homme qui n'a jamais manqué à
ſa parole, qui n'a jamais fait ce tort à perſonne, éprouvera-t-il de douleurs éternelles, pour s'être livré aux penchans de
la nature & à des plaiſirs authoriſés par
l'uſage des plus grands de la Cour, & des
hommes les plus eſtimés dans nos villes ?
J'avoue véritablement que je n'ai jamais
pù concevoir des choſes auſſi étranges.

Le Vieillard, ſans s'émouvoir, enten-
dit ce diſcours ; mais bientôt nous le vîmes
animé d'une chaleur nouvelle ſes yeux étin-
celoient d'une douce lumiere, & en m'a-

dreſſant la parole, il me dit: ce que vous venez d'entendre eſt répété ſans ceſſe par la plupart des hommes; c'eſt le propos du ſiécle; je ſuis enchanté qu'on faſſe naître une ſi belle occaſion de vous entretenir, en préſence de notre guerrier., d'un des objets les plus importans de la religion.

Premierement, ce qui vous paroît étrange & même injuſte, dit le Vieillard au militaire, le ſera-t-il aux yeux d'une raiſon inſtruite des vrais principes de la religion? Quoi! vous meſurez les crimes ſur l'opinion des hommes & ſur l'extrême corruption de leurs cœurs? Le monde ſera-t-il un jour le juge du monde? L'habitude de voir les vices en vogue, préconiſés, encenſés, changera-t-elle la nature du vice? Une race de prévaricateurs, & d'adultéres ſera-t-elle juſtifiée par ſa multitude immenſe & même par ſa puiſſance ſur la terre? A l'exception de quelques juſtes, tous les habitans d'un Univers coupable, n'ont-ils pas déjà péri ſous les eaux du déluge, effrayante image de ce qui doit arriver un jour, une seconde fois? Mais ne perdons pas de vüe la grande queſtion de l'éternité des peines; c'eſt ſans doute un de nos myſtères, le ſeul terrible; tâchons d'eutrevoir ſa vraiſemblance.

Vous conviendrez facilement qu'il eſt impoſſible d'avoir une idéc de Dieu, ſans ſe repréſenter un Etre qui réunit toutes les perfections; le faire agir d'une maniere contraire à ſes divins attributs, c'eſt ſe former un Dieu & l'anéantir. Ce principe poſé, je puis concevoir un Dieu plein de bonté dont la miſéricorde eſt ſans borne, & devant lequel diſparoiſſent tous les crimes enſemble; je conçois encore qu'il peut, ſans contrarier ſon eſſence & ſes attributs, exercer ſa clémence dans le tems.

Mais ſi après la mort, ce Dieu ſi clément, ſi miſericordieux ne peut pardonner, ſans bleſſer ſes divins attributs, c'eſt-a-dire, ſans ceſſer d'être Dieu, il faut convenir alors que les peines des méchans doivent être éternelles, & qu'elles le font par la nature de Dieu même ; or examinons fi les chofes ne doivent pas être ainfi après la mort. Sans doute l'amour de Dieu pour fes créatures eft immenfe, il eft fi grand, que je ne doute pas que fi le Démon pouvoit aimer & fe repentir, il fléchiroit fon maître. (1) Mais il eft indubitable que l'ame pure ou fouillée refte immobile dans l'état où l'a placée le dernier acte de fa volonté ; l'ame arrachée du corps, eft femblable à un arbre déraciné de la terre, il refte où il tombe.... Pour que l'ame criminelle pût être pardonnée, il faudroit donc qu'elle pût fe repentir & aimer ; mais pour l'ame coupable, plus d'amour & de repentir. Pourquoi ? C'eft que ces deux fentimens naiffent de la liberté ; il faut pouvoir choifir entre le bien & le mal, & fe déterminer volontairement à fuivre l'un ou l'autre. Au moment de la diffolution & de la féparation de l'efprit & du corps, toute illu-

------

(1) Le malheureux, s'écria Sainte-Thérèfe, il ne peut plus aimer.

M 6

fion cesse ; plus de combat entre le vice
& la vertu ; nul triomphe, nul mérite,
plus de graces du Ciel ; l'esprit rentre
dans un ordre de choses immuable : fixée
dans le bien, ou dans le mal, l'ame immortelle vit avec son dernier sentiment,
qui s'éternise avec elle ; le réparateur fut
pour le tems, la justice, pour l'éternité.... Dans l'ordre des esprits, il ne
regne plus que l'esprit suprême qui ab-
sorbe en lui toutes les ames justes & pures,
& qui rejette toutes celles qui sont souil-
lées & criminelles. Un Dieu parfait ne
peut s'unir au crime ; ce Dieu est éternel ;
il faut donc que la séparation soit éternelle : mais si l'ame du méchant reste toujours coupable, il faut aussi que les peines
soient éternelles ; car si elles cessoient un
instant, cet instant seroit un moment dans
l'éternité où le crime cesseroit d'être
puni, & dès-lors Dieu cesseroit d'être
juste. Telle est, nous ajouta Mésophée,
cette terrible vérité, que le Ciel ne cesse
d'annoncer pour contenir & ramener
l'esprit des hommes.

Le Militaire parut interdit de ce qu'il venoit d'entendre ; il tomba dans une rêverie profonde ; le Vieillard lisoit sans doute dans les replis de son cœur ; ses yeux se fixerent sur lui, avec complaisance, & il changea l'objet de ses discours. Nous sçumes, quelque tems après, que les paroles du Vieillard avoient eû le plus grand succès, & nous apprimes que ce brave Militaire s'étoit rendu célèbre par la conversion la plus éclatante.

L'heure du repas étoit arrivée, Mésophée voulut se mettre à table avec nous ; jamais nous ne le vîmes si enjoué, il nous instruisoit par des anecdotes curieuses & intéressantes ; ses paroles se gravoient dans nos esprits, & toutes ses idées laissoient après elles des traces de lumière ; dans ses récits les plus simples, on appercevoit la profondeur de ses connoissances ; il nous expliqua plusieurs phénoménes de la nature, qui nous étoient inconnus. Le plaisir que nous éprouvions, nous fit oublier trop tôt l'état de foiblesse d'où il

. fortoit ; nos queftions redoublées furent
très-indifcrettes, & pour y fatisfaire , il
nous parloit encore des premieres colonies
de la terre, formées par les Egyptiens &
par les Peuples de Phénicie : dans la chaleur de fon difcours, il s'arrêta fubitement ;
nous crûmes appercevoir en lui une certaine révolution , notre premier mouvement fut de nous lever ; le Vieillard qui
s'apperçut de notre émotion , diffimula
fans doute ce qu'il éprouvoit, & ranimant
fes forces, il nous dit : ne foyez pas inquiets, je cherchois une époque qui échappe
à ma mémoire ; je veux vous raconter un
trait remarquable.

Nous lui obéîmes, pour ne pas l'allar-
mer ; mais fans nous l'être communiqué,
nous formâmes , chacun en particulier ,
le projet de rompre totalement nos entretiens ; en effet, dès qu'il eût fini de parler,
nous le fuivîmes dans fes appartemens. Arfenne lui annonça fon départ pour Paris,
où il étoit appellé pour des affaires ur-

gentes ; fes Neveux , de leur côté, lui
dirent qu'ils ne pouvoient fe difpenfer de
rouvrir leurs cours de phyfique , trop né-
gligé , & de faire de nouvelles expériences.
importantes. Pour moi, qui n'avois rien
moins que le deffein de quitter Méfophée ,
je me plaignis de ma fantè & j'attribuai
fon dérangement à l'interruption de mes
exercices de chaffe ; je m'informai de la
pofition des forêts voifines , & j'acceptai
avec plaifir la propofition que me fit le
Militaire, de me conduire le jour même
chez un grand Seigneur de la Province,
qui jouiffoit de la chaffe la plus étendue.
Le Vieillard nous écoutoit attentivement,
& je crus entrevoir, par fon fourire, qu'il
pénétroit le motif de tous nos projets ; il
feignit de ne rien appercevoir , il parut
fenfible à nos attentions, & fe rendit à nos.
craintes. Nous étions près de nous féparer, il fe leva, & me tira à l'écart. Adieu
donc mon cher Baron, me dit-il en m'em-
braffant ; je prévois que déformais nous
nous parlerons bien rarement ; aimez mes

Neveux, je les crois dignes de votre
cœur ; mais furtout chériffez tendrement
celui qui m'a donné le plaifir de vous connoître ; c'eft un homme fort inftruit &
très-aimable ; il joint aux folides vertus,
l'efprit & le favoir ; fon caractère vous paroîtra un peu froid ; mais fon ame eft pleine
de chaleur ; il réfléchit beaucoup, il ne
dit que ce qu'il veut, & il penfe tout
ce qu'on voudroit dire.

LA MORT
DE MESOPHÉE.

LE départ d'Arſenne n'étoit qu'un prétexte ; nous l'engageâmes facilement à
reſter avec nous ; depuis près de deux
mois, nous ne quittions plus l'ombre des
forêts ; les circonſtances ſembloient avoir
changé tous nos caractères : les Neveux de
Méſophée, Arſenne & moi, nous paſſions nos jours dans le tumulte & les
exercices les plus variés ; nous deſcendions
cependant chaque jour au château pour
embraſſer notre ſage, nos viſites étoient
courtes, & nous nous arrachions avec violence d'un objet qui nous étoit ſi cher :
Méſophée ſe plaiſoit à nous faire raconter
le détail de nos plaiſirs ; ſa ſanté, qui paroiſſoit ſe rétablir, étoit le plus doux que
nous puſſions goûter.

Mais quel affreux nuage commençoit à couvrir les lieux que nous habitions ; un jour venant de nous promener fur un lac, à peine defcendus de notre gondole, nous apperçumes des hommes qui couroient hors d'haleine ; ils nous appelloient par des cris effrayans & des fignes finiftres : le Vieillard avoit perdu une feconde fois l'ufage de fes fens ; nous apprîmes qu'au moment qu'il étoit revenu à lui-même, il s'étoit fait adminiftrer fur le champ tous les Sacremens de l'Eglife, l'allarme fe répandit partout, les Médecins accoururent avec précipitation, nous les vîmes arriver, mais nous n'eûmes pas la force d'entrer avec eux ; nous attendîmes leur décifion dans le filence, ils parurent, & nous vîmes par leur trifteffe, que tout efpoir nous étoit ôté ; nous érions dans les premiers momens de la plus vive douleur, lorfque Méfophée nous fit prier de nous approcher & de conduire vers lui fes Neveux ; à peine les vit-il, qu'il leur parla ainfi :

Je juge à votre consternation que ma mort est très prochaine ; vos premiers soupirs sont dûs à la nature & à ma tendresse pour vous ; mais calmez votre douleur, considérez les longues années que j'ai passées sur la terre : venez, mes chers Neveux, leur dit le Vieillard, en leur tendant les bras, venez recevoir mes derniers embrassemens. Malgré leurs efforts, des torrens de larmes s'échapperent ; ils voulurent se détourner. Quoi ! leur dit-il en soupirant, je n'ai plus qu'un moment pour vous voir, & vos yeux se dérobent encore à mes regards ? Trop sensible à votre tristesse, c'est elle seule qui rend mon état douloureux ; soyez moins consternés, je serai plus content : le spectacle que je vous offre, vos peres me l'ont offert ; je les ai vu entrer dans le tombeau, & m'instruisant jusqu'au dernier soupir, ils m'ont appris à ne pas redouter la mort ; c'est dans ce terrible moment qu'ils jouissoient de toute leur vie ; leurs actions vertueuses se présentoient à eux sous les images les plus consolantes, & ils lifoient dans leur cœur le jugement qu'alloit prononcer le Légifla-teur des hommes : féchez vos larmes, mes chers Neveux, je fens que notre Dieu foutient mon ame & la confole ; l'efpé-rance m'ouvre les Cieux.

A peine avoit-il fini ces paroles, qu'il tomba dans une foibleffe mortelle ; fes yeux n'entrevirent plus la lumière ; une froide pâleur parut fur ce front vénérable, & nous le vîmes expirer dans nos bras ; à fon dernier foupir nous reftâmes prefque immobiles ; il fembloit que nos efprits ne pouvoient fe détacher de fa grande ame, & nous levâmes les yeux vers le Ciel.

Cette affreufe nouvelle fe répandit fur le champ dans toute fa terre : aux cris aigus fuccéda le filence de la douleur, il fembloit que la mort s'étoit introduite dans toutes les familles ; bientôt toutes les fermes furent défertes ; les hommes, les femmes, les enfans, les vieillards, fe fui-

voient en défordre, & fans fe parler, vinrent fondre en larmes dans toutes les ave-
nues du château; là, fixant triftement
leurs regards fur le lieu où repofoit leur
maître, ils n'ofoient s'approcher de ces
fombres demeures où ils entroient autrefois avec taht d'allegreffe; trois jours entiers la terre fut fans culture; le temple
où il fut porté fut leur unique afyle; leurs
larmes & leurs gémiffemens, leur feule
confolation: après un deuil de plufieurs
jours, ils demanderent tous la fatisfaction
de voir les Neveux de ce grand homme;
leurs cœurs avoient befoin de fon image;
dès qu'ils parurent, un fentiment plus
doux leur fit verfer des larmes; ils fe fen-
tirent émus par une reffemblance frappante; même abord, mêmes graces,
même douceur, tout fembloit fermer les
plaies de ces hommes vertueux, & le
calme commençoit à renaître dans le
cœur de ces ames fenfibles.

Arſenne & moi, nous reſtâmes quelques jours auprès des Neveux de Méſophée, & pour diſtraire leur vive douleur
& la nôtre, nous partîmes tous pour Paris;
nous nous quittons rarement, chaque jour
nous parlons de notre reſpectable Vieillard; le ſouvenir de ſes vertus eſt néceſſaire à nos cœurs, & le bonheur dont je
jouis le rappelle ſans ceſſe à ma mémoire.

TABLE

DES MATIERES

Contenues dans ce second volume.

FIN DE LA TABLE.

www.ingramcontent.com/pod-product-compliance
Lightning Source LLC
LaVergne TN
LVHW020112060726
842526LV00004B/1095